博士生导师学术文库

A Library of Academics by
Ph.D.Supervisors

中国反洗钱法律制度研究

———·———

王秀梅 等 著

光明日报出版社

图书在版编目（CIP）数据

中国反洗钱法律制度研究 / 王秀梅等著 . -- 北京：
光明日报出版社，2023.9
ISBN 978 - 7 - 5194 - 7523 - 9

Ⅰ.①中… Ⅱ.①王… Ⅲ.①反洗钱法—研究—中国
Ⅳ.①D922.281.4

中国国家版本馆 CIP 数据核字（2023）第 188457 号

中国反洗钱法律制度研究
ZHONGGUO FANXIQIAN FALÜ ZHIDU YANJIU

著　　者：王秀梅　等

责任编辑：郭思齐　　　　　　　　责任校对：史　宁　李海慧
封面设计：一站出版网　　　　　　责任印制：曹　净

出版发行：光明日报出版社
地　　址：北京市西城区永安路 106 号，100050
电　　话：010 - 63169890（咨询），010 - 63131930（邮购）
传　　真：010 - 63131930
网　　址：http：// book. gmw. cn
E - mail：gmrbcbs@ gmw. cn
法律顾问：北京市兰台律师事务所龚柳方律师

印　　刷：三河市华东印刷有限公司
装　　订：三河市华东印刷有限公司

本书如有破损、缺页、装订错误，请与本社联系调换，电话：010-63131930

开　　本：170mm×240mm
字　　数：180 千字　　　　　　　印　　张：12.5
版　　次：2024 年 1 月第 1 版　　印　　次：2024 年 1 月第 1 次印刷
书　　号：ISBN 978 - 7 - 5194 - 7523 - 9
定　　价：85.00 元

序

　　"洗钱"二字由英文"money laundering"直译，是一个舶来概念。自20世纪七八十年代以来，反洗钱逐渐成为国际社会重点关注的热门话题，各国纷纷开启反洗钱立法进程。在国际大背景的推动下，我国于1997年修订刑法典时设立了洗钱罪，于2006年颁布了《反洗钱法》，并逐渐形成了刑事与行政立法并重、国际法与国内法兼容的反洗钱法律制度体系。

　　随着经济全球化和金融网络化的不断深入，洗钱已经发展成一个极具专业性、复杂性且高利润、低成本，又难以被侦查和发现的犯罪领域。根据联合国毒品与犯罪问题办公室相关数据显示，全球每年洗钱活动所涉资金约2万亿美元，占世界GDP的5%左右，这对国际社会秩序、经济秩序的侵蚀与破坏是前所未有的。作为一种跨国有组织犯罪，洗钱犯罪已被视为继恐怖犯罪、腐败犯罪、毒品犯罪之外第四类国际公害，受到全球范围内的严惩与讨伐。近两年，由本人主持的涉及洗钱方面的课题均已顺利结项，并持续关注反洗钱立法和司法的发展，尤其是对地下钱庄洗钱、虚拟货币洗钱、离岸金融洗钱以及涉税洗钱等新兴热点问题的研究。经过这些较为系统的研究，对洗钱问题有了更为深入的认识和思考。比如，"反洗钱"这一概念不是狭义的、单一的，而应当是广义的、包容的，它同时涵盖了事前与事后、预防与惩治、国内与国际等多个维度的内容，要想更好地研究这一课题，必须开拓研究视野、兼收并蓄。又如，洗钱犯罪最值得关注的是它的跨国性和跨境性，这不仅决定了洗钱犯罪的危害与辐射程度，还影响着世界各国、各地区以及各个国际组织打击跨国、跨境洗钱犯罪的合作动向。当然，前述观点也只是截至目前的一些粗浅看法，未来还等待着更高维度、更深层次的修正与衍化。

二十几年来，我国的反洗钱法律制度渐趋完善，无论刑事立法，还是行政立法，均呈现出扩张、严厉之势。与此同时，相关的研究成果层出不穷，其中不乏高质量的输出。虽然角度不同、观点林立，但最终几乎都归结到了我国反洗钱法律制度体系的缺陷与完善之上。的确，相比其他国家和地区，我国的反洗钱法立法较晚，几经修正与改进，依然存在诸多问题与不足。也正因如此，对于我国反洗钱法律制度体系的系统研究尤为重要，特别是在洗钱罪和相关司法解释修改、《反洗钱法》修订以及打击治理洗钱违法犯罪三年行动开展的关键时候，针对这一问题的学术研究价值和意义重大。

需要提到的是，由于反洗钱问题具有特殊性，同时需要三方面的共同努力，即严格的事前监测和预防、严厉的事后惩治与及时有效的国际合作。因此，无论从何种角度探讨反洗钱问题，都不可避免同时涉及刑法、行政法、国际法和金融方面的理论知识。所以，本书便打开格局与视野，立足于法学研究之根基，从法律规范本身出发，发现我国反洗钱刑事、行政立法以及国际合作、跨境监管方面的不足与障碍，并最终提出适合我国本土国情的反洗钱法律制度体系的构建方案与完善路径。

第一，梳理我国的反洗钱法律制度体系。我国的反洗钱法律制度体系分为三大块，即反洗钱刑事立法体系、反洗钱行政立法体系和反洗钱国际法律制度体系。其中，反洗钱刑事立法体系以《刑法》第 191 条洗钱罪为核心，第 312 条掩饰、隐瞒犯罪所得、犯罪所得收益罪，第 349 条窝藏、转移、隐瞒毒品、毒赃罪为补充；反洗钱行政立法分为反洗钱监管立法和反洗钱预防立法两大方面，集中于《反洗钱法》及其配套的部门规章；而反洗钱国际法律制度则由我国已经签署并批准的国际公约、多边条约、双边条约组成。我国反洗钱法律制度的建设经过了三十余年的探索，取得了丰硕的成果。

第二，归纳总结洗钱的行为模式、特征与发展趋势。随着经济、金融全球化的发展和网络科技的进步，现金转移、贸易投资等传统洗钱行为模式仍然存在，同时也滋生了诸如网络平台洗钱、虚拟货币洗钱、离岸金融洗钱等新型洗钱行为模式，相较于传统模式，新型模式呈现出更强的跨境性与危害性，且具有网络化、数字化等新的发展趋势。

第三，反思我国反洗钱法律制度体系的规制难点。反洗钱刑事立法之缺陷表现在以《刑法》第 191 条为核心的洗钱犯罪体系之中，包括罪名体系混乱、洗钱罪构成要件设定不科学以及法定刑设置不合理的问题；反洗钱行政立法之不足主要表现为反洗钱行政监管的薄弱，以及以反洗钱义务为核心的反洗钱预防法律制度的缺陷；同样，反洗钱国际合作与跨境监管也存在许多障碍与难点，如我国反洗钱立法与国际标准存在差距，反洗钱追逃追赃方面的国际合作法律制度不健全，金融情报信息的国际交换制度存在局限，反洗钱跨境监管工作面临挑战等。

第四，考察域外的反洗钱法律制度。一方面，系统全面地介绍域外典型国家及国际组织的反洗钱法律制度，从中获取启示与借鉴；另一方面，有针对性地介绍域外已有的特殊反洗钱制度，如受益所有权登记制度、举报人奖励和保护制度等，为我国特殊反洗钱法律制度的构建提供参考。

第五，提出我国反洗钱法律制度体系的完善对策。我国反洗钱法律制度体系的完善路径同样分为三大部分：一是重整与完善反洗钱刑事立法，合理化规定洗钱犯罪体系及洗钱罪的定罪量刑标准，建立法人反洗钱刑事合规制度；二是优化与加强反洗钱行政立法，从反洗钱监管、预防入手，辅之以配套的行政法律机制；三是完善反洗钱国际合作法律制度，充实跨国反洗钱国际法律体系，加强反洗钱合作与情报共享，并积极解决跨境监管中的各项具体困难。

本书作者还有我的同事贾济东教授、张磊教授、赵晨光副教授、李文助理研究员、杨超讲师、李迪讲师，以及李采薇博士、王志英博士、侯撼岳博士和储雨博士，同时我的硕士研究生黄曼庭、隋林熹、吴艺嘉、吴昱达和胡绮云在协助查找资料过程中提供了很大帮助。此外，特别感谢李采薇博士协助整理全部书稿。在此对大家一并表示诚挚谢意。

王秀梅

2022 年 8 月 24 日

目 录
CONTENTS

第一章

我国的反洗钱法律制度体系

在经济全球化的背景下，随着科技的发展特别是信息网络和支付手段的升级，资本的跨境、跨国流动更为便捷，洗钱活动呈日益猖獗之态势，并与走私、贪污贿赂、贩毒、黑社会等上游犯罪相互交织，对国际社会、国家安全、社会稳定以及金融秩序形成全方位冲击。近年来，反洗钱逐步受到国际社会的关注，反洗钱立法在全球范围内不断推进。我国的反洗钱立法经过了三十余年的探索，取得了丰硕的成果。目前，以《刑法》第191条为核心的反洗钱刑事立法，以《反洗钱法》为代表的反洗钱行政立法，以及由国际公约、多边条约、双边条约形成的国际法体系，共同构成了我国当前反洗钱的立法体系。首先，通过刑事法律对洗钱犯罪予以规定，增设"洗钱罪"，并结合我国既有刑事立法，对"掩饰、隐瞒犯罪所得、犯罪所得收益罪"以及"窝藏、转移、隐瞒毒品、毒赃罪"进行调整，形成了"三足鼎立"的洗钱犯罪罪名体系，从而实现对洗钱行为的规制。其次，以《反洗钱法》为主轴形成一系列法律、行政法规和部门规章，对反洗钱义务主体提出了反洗钱合规性和有效性的要求。最后，在反洗钱国际合作层面，我国签署了多项联合国公约、多边与双边条约并加入金融行动特别工作组（以下简称FATF）等国际反洗钱组织，为打击跨国洗钱犯罪奠定了制度根基。由此，立足国内和国际两个维度，围绕预防和打击两条主线，我国初步形成了一套反洗钱法律制度。

第一节 反洗钱刑事立法体系

洗钱行为首次被纳入我国刑法规制的视野始于 1990 年公布实施的《全国人民代表大会常务委员会关于禁毒的决定》（以下简称《禁毒决定》），该决定第 4 条规定了掩饰、隐瞒毒赃性质、来源罪。但直至 1997 年新《刑法》颁布，我国才正式增设洗钱罪。随着形势的发展，《刑法典》不断得到修正，洗钱罪也被数次修改，洗钱犯罪的罪名体系也不断完善。根据刑法规定以及相关司法解释，我国洗钱犯罪的罪名体系包括《刑法》第 191 条中的洗钱罪以及第 312 条掩饰、隐瞒犯罪所得、犯罪所得收益罪和第 349 条窝藏、转移、隐瞒毒品、毒赃罪。我国应国际形势数次对洗钱犯罪的规定进行修改，充分体现了中国履行国际公约的责任担当以及维护国家金融安全和司法秩序的决心。

一、我国洗钱犯罪的立法变迁

"洗钱"一词属舶来品，其词源是由英文术语 "Money Laundering" 直译而来。随着世界范围内反毒品犯罪的合作与开展，多数国家通过直译方法，采取含有"漂洗""漂白"之义的词语描述洗钱行为，例如，德语的 "Geldwäsche"、法语的 "blanchiment d'argent" 等。中国早期对洗钱行为使用"遁钱术""处理违法所得""黑钱"等词语。[1] 20 世纪 90 年代之后，"洗钱"这一词语被用于法学语境之下，特指去除犯罪痕迹，便于安全使用转移资金的行为。[2]

1989 年我国成为《联合国禁止非法贩运麻醉药品和精神药物公约》的缔约国，并于 1990 年公布实施《禁毒决定》，其中第 4 条明确："为犯罪分子窝藏、转移、隐瞒毒品或者犯罪所得的财物的，掩饰、隐瞒出售毒品获得财物的非法性质和来源的，处七年以下有期徒刑、拘役或者管制。"其中虽未直接使用"洗钱"这一表述，但掩饰、隐瞒毒赃的性质和来源更是深刻揭示了洗

---

① 赵念渝. 瑞士银行账户中的"黑钱" [J]. 国际展望，1988（12）.
② 陈晓明. 洗钱介述 [J]. 中外法学，1994（3）.

钱的本质。因此，《禁毒决定》成为我国惩治毒品洗钱犯罪的滥觞，在刑法的发展过程中具有里程碑式的意义。1990—1997 年，对洗钱行为的规制主要通过"掩饰、隐瞒毒赃性质、来源罪"这一罪名。在改革开放持续深入的时代背景下，经济犯罪、金融犯罪、单位犯罪不断攀升，犯罪呈现跨境范围广、涉案数额大、手段隐蔽等特点。《禁毒决定》所列明的罪行过于单薄，不足以应对不断攀升的犯罪率。诸多学者纷纷撰文建议修改刑法，单独设立洗钱罪。

在上述背景下，1997 年新修订的《刑法》第 191 条正式规定了洗钱罪，明确其犯罪主体包括自然人与单位，规定三种类型的上游犯罪：毒品犯罪、黑社会性质的组织犯罪、走私犯罪。其客观方面表现为：提供资金账户、协助将财产转换为现金或者金融票据的、通过转账或者其他结算方式协助资金转移、协助将资金汇往境外、以其他方法掩饰、隐瞒犯罪的违法所得及其收益的性质和来源。

此次刑法修订在一定程度上填补了洗钱罪立法的空白，为打击洗钱犯罪提供了法律武器，但仍存在种种问题。例如，其规定的洗钱上游犯罪过窄，在中国司法实践中已出现对涉嫌偷税漏税、贪污、行贿受贿的违法所得进行洗钱的行为，而无相应的法律进行规制，而且，与同时期美国国会通过的《反洗钱控制法》、法国国民议会通过的《金融机构参与反贩毒金钱清洗法》以及澳大利亚通过的《犯罪收入法》相比，我国规定的洗钱罪涵盖的上游犯罪相对较少，远不能满足打击大规模洗钱犯罪的需要。此外，通过刑法第 191 条中的"明知"可以认为，只有对他人的违法所得进行"清洗"才会有"知"与"不知"的问题。采用"明知"的表述意味着上游犯罪主体不会成为洗钱罪的主体，即自洗钱行为不构成洗钱罪。

19 世纪末、20 世纪初恐怖主义威胁整个国际社会，打击恐怖主义成为各个国家携手共进的方向之一。1999 年年底联合国大会通过了《制止向恐怖主义提供资助的国际公约》，在"9·11"事件发生后近一个月，金融行动特别工作组（Financial Action Task Force，以下简称 FATF）在华盛顿召开特别会议并发表了《反恐怖融资特别建议》。在这一时代背景下，我国签署《制止向恐怖主义提供资助的国际公约》，并于 2001 年 12 月通过《刑法修正案（三）》以加强打击恐怖融资的力度。该修正案在《刑法》第 121 条新增"资助恐怖主义活动罪"，并将第 191 条洗钱罪的上游犯罪扩大至恐怖主义活动罪，单位与个人均可成为上述两个罪名的犯罪主体。此次修订虽然在一定程度上扩展了上游犯罪的范围，但在当时国际背景之下，依然采取保守的方式，没有贸然扩大上游犯罪范围。此次修订并未参照有关国际公约和《欧洲反洗钱指令》等扩大洗钱罪上游犯罪的范围与行为方式。

鉴于洗钱罪刑事立法的缺陷以及 2006 年《反洗钱法》颁布带来的行刑衔接任务，全国人大常务委员会于 2006 年和 2009 年先后颁布《刑法修正案（六）》和《刑法修正案（七）》，进一步通过立法加强洗钱行为的刑事制裁力度。从上游犯罪的扩展角度，《刑法修正案（六）》新增三种上游犯罪，即贪污贿赂罪、破坏金融管理秩序罪和金融诈骗罪，由此洗钱罪的上游犯罪包括了 7 大类犯罪行为。在行为方式上，新增"协助将财产转化为有价证券"这一内容，此举扩大了洗钱罪的适用范围，有力解决洗钱罪日益复杂的犯罪手段问题。此外更加重了洗钱罪的刑罚力度，情节严重最高可处 10 年有期徒刑，并处洗钱数额 5% 以上 20% 以下罚金。由此可见，此次立法具有一定的前瞻性，中国人民银行发布的《中国反洗钱报告》中也指出："基本符合联合国公约关于洗钱行为刑罚化的要求。"① 《刑法修正案（七）》未直接对洗钱罪进行调整，而是通过对《刑法》第 312 条掩饰、隐瞒犯罪所得、犯罪所得收益罪增加单位为犯罪主体的方式，使其与洗钱罪犯罪主体保持协调并与 FATF 的规定保持一致。

自洗钱行为，是指行为人在实施上游犯罪之后，对违法犯罪所得及其收益进行"清洗"以使之合法化的行为。② 自 1997 年《刑法》颁布后，自洗钱行为是否应当以洗钱罪论处是学界长期争议与讨论的问题。持反对观点的学者主要认为，如对自洗钱行为进行惩罚就是惩罚上游犯罪，违背了"任何人不得强迫自证其罪"这一原则。也有学者认为，对上游犯罪的惩罚已经包含了对自洗钱的惩罚，根据大陆法系的"期待可能性""事后不可罚""重罪吸

---

① 中国人民银行反洗钱局．中国反洗钱报告［M］．北京：中国金融出版社，2007：14.
② 贾济东，赵学敏．"自洗钱行为"应当独立成罪［N］．检察日报，2019-8-7（03）.

收轻罪"等原则，不应当另行科处刑罚。① 由于洗钱罪确实在上游犯罪之外侵害了金融管理秩序这一新的法益，造成了新的损害，越来越多的学者主张将自洗钱纳入洗钱罪规制范围。此外，FATF 对中国反洗钱的两次评估报告中对洗钱犯罪这一项目均给予了"部分合规"的成绩，最重要的原因之一是我国刑事立法忽视了洗钱罪的特殊性，将自洗钱行为排除于洗钱罪之外，严重影响了我国反洗钱刑事立法发挥实际作用。洗钱常与恐怖主义相交织，严重影响国家总体安全，因此我国《刑法修正案（十一）》一改洗钱罪不惩罚上游犯罪主体的局限，将刑法第 191 条第 1 款中的第 2、3、4 项中的"协助"悉数删除，仅保留第 1、第 5 项。这一修改，符合《FATF 40 项建议》（*Forty Recommendations*），有利于打击洗钱犯罪，也更有利于开展跨境反洗钱合作。

二、我国现行刑法关于洗钱犯罪的规定

（一）《刑法》第 191 条洗钱罪

2020 年 12 月 26 日通过的《中华人民共和国刑法修正案（十一）》第 14 条将《刑法》第 191 条修改为："为掩饰、隐瞒毒品犯罪、黑社会性质的组织犯罪、恐怖活动犯罪、走私犯罪、贪污贿赂犯罪、破坏金融管理秩序犯罪、金融诈骗犯罪的所得及其产生的收益的来源和性质，有下列行为之一的，没收实施以上犯罪的所得及其产生的收益，处五年以下有期徒刑或者拘役，并处或者单处罚金；情节严重的，处五年以上十年以下有期徒刑，并处罚金：

1. 提供资金账户的；

2. 将财产转换为现金、金融票据、有价证券的；

3. 通过转账或者其他支付结算方式转移资金的；

4. 跨境转移资产的；

5. 以其他方法掩饰、隐瞒犯罪所得及其收益的来源和性质的。

单位犯前款罪的，对单位判处罚金，并对其直接负责的主管人员和其他直接责任人员，依照前款的规定处罚。"

---

① 王新，冯春江，王亚兰. 自洗钱行为立法的争议、理论与实践依据 [J]. 当代金融研究，2020（2）.

《刑法修正案（十一）》对洗钱罪主要做了三个方面的修改：一是将自洗钱行为纳入刑法的制裁范围。主要体现在条文删除行为人主观"明知"的规定，并且删除具体洗钱行为中的"协助"洗钱的表述；二是将倍比制的罚金立法模式修改为抽象的罚金模式；三是规定单位犯罪要按照自然人犯罪进行处罚，增加了罚金刑的规定，加大了单位犯罪的处理力度。

（二）"三足鼎立"式洗钱犯罪体系

自 1997 年修订《刑法》以来，我国一直保持着"三足鼎立"式的洗钱犯罪体系，即广义的洗钱犯罪包括：《刑法》第 191 条洗钱罪，第 312 条掩饰、隐瞒犯罪所得、犯罪所得收益罪和第 349 条窝藏、转移、隐瞒毒品、毒赃罪。

第 312 条规定："明知是犯罪所得及其产生的收益而予以窝藏、转移、收购、代为销售或者以其他方法掩饰、隐瞒的，处三年以下有期徒刑、拘役或者管制，并处或者单处罚金；情节严重的，处三年以上七年以下有期徒刑，并处罚金。

单位犯前款罪的，对单位判处罚金，并对其直接负责的主管人员和其他直接责任人员，依照前款的规定处罚。"

第 349 条规定："包庇走私、贩卖、运输、制造毒品的犯罪分子的，为犯罪分子窝藏、转移、隐瞒毒品或者犯罪所得的财物的，处三年以下有期徒刑、拘役或者管制；情节严重的，处三年以上十年以下有期徒刑。缉毒人员或者其他国家机关工作人员掩护、包庇走私、贩卖、运输、制造毒品的犯罪分子的，依照前款的规定从重处罚。犯前两款罪，事先通谋的，以走私、贩卖、运输、制造毒品罪的共犯论处。"

可以看出，第 312 条属于兜底条款和一般条款，第 191 条是第 312 条的特殊条款，而第 349 条基本上已沦为僵尸条款。

第二节　反洗钱行政立法体系

刑事立法在于告诫意图洗钱的行为人"不要做"，聚焦于事后惩治，而行政立法更倾向于指导反洗钱义务主体"怎么做"，注重在事前预防。我国以

《反洗钱法》为核心，以《国务院办公厅关于完善反洗钱、反恐怖融资、反逃税监管体制机制的意见》为指导，辅之以多部部门规章，逐渐形成了全方位、多层次的反洗钱行政立法体系。

一、反洗钱行政立法的整体框架

反洗钱行政立法肇端于银行业。1997 年《大额现金支付登记备案规定》要求各开户银行建立大额现金支付登记备案制度，此后的《关于大额现金支付管理的通知》《个人存款账户实名制规定》均旨在实现对金融风险的防控，其中也包括了洗钱风险。2003 年修订的《中华人民共和国中国人民银行法》第 4 条第 10 款规定中国人民银行指导、部署金融业反洗钱工作，负责反洗钱的资金监测。将此前由公安部负责的反洗钱职能交由中国人民银行承担。同年，中国人民银行发布了"一规两办法"，即《金融机构反洗钱规定》《人民币大额和可疑支付交易报告管理办法》《金融机构大额和可疑外汇资金交易报告管理办法》，规定了客户身份登记制度、大额可疑资金交易报告制度、客户账户资料保存制度等，初步构建了我国反洗钱行政管理框架，为《中华人民共和国反洗钱法》（以下简称《反洗钱法》）的出台奠定了基础。2006 年，《反洗钱法》正式表决通过，并于 2007 年 1 月 1 日开始实施。其颁布意义重大、影响深远，在整个反洗钱行政法律体系中起到了统领的核心作用，不仅明确了反洗钱行政管理部门的职责，也规定了反洗钱义务主体的责任，极大地推动了洗钱犯罪预防法律制度的完善，维护了经济社会的稳定与金融秩序的健康发展。

当前我国的反洗钱行政立法是以《反洗钱法》为核心，以《国务院办公厅关于完善反洗钱、反恐怖融资、反逃税监管体制机制的意见》为指导，涵盖多部部门规章、规范性法律文件的全方位、多层次的法律体系，主要内容包括以中国人民银行为中心的反洗钱监管工作框架和以反洗钱义务为核心的反洗钱预防法律制度。

《反洗钱法》的主要内容包括：第一，明确反洗钱监督义务主体。法律规定由国务院反洗钱行政部门设立反洗钱信息中心，反洗钱行政主管部门可以从国务院其他部门获得洗钱所需信息。根据第 8 条规定，国家金融监督管理总局（原银保监会）、中国证券监督管理委员会（以下简称"证监会"）承担相应领域内洗钱的监督、管理工作。第二，规定金融机构应实施的预防措施。《反洗钱法》在《金融机构反洗钱规定》的基础上进一步明确了客户身份识别制度、客户身份资料和交易记录保存制度、大额交易和可疑交易报告制度等，并规定金融机构在不履行上述义务时的法律责任。不仅对单位、机构进行罚款，还应当对直接负责的董事、高级管理人员和其他直接责任人员进行处罚。第三，规定了反洗钱调查以及程序。该法对制作询问笔录、查阅复制账户信息、调取封存文件进行详细规定，规范了反洗钱行政部门的调查程序，便于为行政处罚、刑事诉讼保存合法证据。第四，加强反洗钱国际合作。从法律层面确认与他国打击洗钱合作时应遵循互惠原则，依法与他国反洗钱机构开展司法协助、交换信息资料。

除了《反洗钱法》主导的反洗钱行政法律规范，对于反洗钱工作的规定还可散见于其他法律、法规当中。例如，《中华人民共和国禁毒法》第29条规定了反洗钱行政主管部门应当对疑似毒品犯罪交易的资金进行监测，并负有向侦查部门进行汇报线索的义务。

另外，反洗钱与反恐怖主义融资在立法上关系密切。两者之所以具有天然的关联性，主要基于：第一，恐怖主义活动的资金流动与处理上游犯罪所得的资金流动均需要秘密性，并需要借助一定的媒介将非法的资金掩饰为合法资金并加以利用。第二，恐怖主义也是洗钱罪的上游犯罪之一，利用恐怖主义获得的犯罪所得要么接着用于资助其他恐怖主义活动，要么转化为合理收入流进金融市场、破坏金融管理秩序，均可产生严重的社会危害。第三，反洗钱的重要目的之一就是防止犯罪分子利用洗白的资金为恐怖主义活动融资，根据全球的反洗钱与反恐怖融资实践经验来看，不具备良好反洗钱措施的国家也往往是恐怖主义活动地或恐怖主义的资金周转地。由于我国2015年才出台《反恐怖主义法》，在此之前反恐怖融资的监控按照《反洗钱法》第36条要求适用《反洗钱法》的规定。现行法律规范中，多将反洗钱与反恐怖融资作为一个整体共同推进。例如，《中华人民共和国反恐怖主义法》第24条规定："国务院反洗钱行政主管部门、国务院有关部门、机构依法对金融机构和特定非金融机构履行反恐怖主义融资义务的情况进行监督管理。国务院反洗钱行政主管部门发现涉嫌恐怖主义融资的，可以依法进行调查，采取临时冻结措施。"本条赋予反洗钱行政主管部门以反恐怖主义融资的监管权与执法权。再如，《中华人民共和国境外非政府组织境内活动管理法》第44条与2019年修订的《中华人民共和国外资银行管理条例》第9条和第20条均规定了对外国银行代表处、中外合资银行及其他非政府组织代表机构做出建立有效反洗钱、反恐怖主义融资制度的要求。又如，《银行业金融机构反洗钱和反恐怖融资管理办法》《中国银保监会办公厅关于进一步做好银行业保险业反洗钱和反恐怖融资工作的通知》《金融机构洗钱和恐怖融资风险评估及客户分类管理指引》《银行跨境业务反洗钱和反恐怖融资工作指引（试行）》等，赋予了以银行为主的金融机构更详细的反洗钱和反恐怖融资要求。

二、反洗钱行政监管法律制度

《中华人民共和国中国人民银行法》《金融机构反洗钱规定》《反洗钱法》明确中国人民银行作为反洗钱主管部门的地位，负责统领我国反洗钱监管工作。

一方面，中国人民银行主要负责金融机构的反洗钱监督工作。中国银行保险监督委员会和中国证券监督管理委员会就中国人民银行对银行、保险及证券机构的反洗钱工作提供相应支持。对于非银行支付机构尚未形成专门的监督，主要由中国人民银行对其进行监管。同时，银保监会对非银行金融机构、境外金融机构作为金融租赁公司发起人、货币经纪公司的境外出资人是否具有反洗钱措施进行审核，证监会对证券期货业进行反洗钱的监督。

另一方面，中国人民银行与其他非金融领域的有关部门联合，指导特定非金融领域的反洗钱监管工作。其中，司法部负责对律师办理执照及监督，财政部负责监督会计师事务所及注册会计师，住房和城乡建设部负责房地产行业的监管，而上海黄金交易所作为中国人民银行设立的自律监管机构主要负责对其会员的监督，民政部负责社会组织的监管。不过，这些部门均未形成对专门性反洗钱的监管，基本由中国人民银行负责反洗钱工作的开展。而对于其他的特定非金融机构基本只能在登记、许可环节予以限制，并未形成有效的监管。除此之外，货币和贵金属的跨境流动由海关总署负责监管。

三、反洗钱行政预防法律制度

（一）反洗钱义务主体

洗钱犯罪的预防主要依靠反洗钱义务主体积极履行反洗钱具体制度得以实现。现行《反洗钱法》初步划定了反洗钱义务主体的范围，规定了金融机构与特定非金融机构两大类主体，并主要明确了金融机构的定义与范畴。此外，其他法律法规也规定了一些需要履行反洗钱义务的特殊主体。下文将对部分义务主体及其责任展开阐述。

1. 金融机构

《反洗钱法》第 34 条规定："金融机构，是指依法设立的从事金融业务的政策性银行、商业银行、信用合作社、邮政储汇机构、信托投资公司、证券公司、期货经纪公司、保险公司以及国务院反洗钱行政主管部门确定并公布的从事金融业务的其他机构。"依据不同金融机构的类型，各类法律规范文件又对其反洗钱监管法律制度进行了细致化规定。

（1）商业银行

由于外商独资银行、中外合资银行、外国银行分行的独特性，我国对于普通商业银行与上述三类银行的反洗钱义务作出了区分。

普通银行的反洗钱义务不仅体现在《反洗钱法》当中，也体现在部门规章和规范性法律文件中以及对不同的银行业务所遵守的规定做出的不同要求中。《商业银行互联网贷款管理暂行办法》规定应当在办理借贷业务时对客户身份信息、生物信息进行识别，而且应当注重核实是否为本人真实意愿借款，防止出现为他人洗钱进行借贷的情况。对首次从事网络借贷业务的商业银行应当以书面报告反洗钱、反恐怖融资制度。《银行跨境业务反洗钱和反恐怖融资工作指引》有针对性地对银行办理跨境业务可能遇到的洗钱风险做出有针对性的预防措施，例如，通过联网核查身份，客户跨境交易业务种类、数额、途径与历史习惯不符时应当重点监控。根据《银行业金融机构反洗钱和反恐怖融资管理办法》，银行业金融机构的董事会承担最终责任，高级管理层承担实施责任。未按照规定履行反洗钱义务、建立反洗钱管理制度的，应当按照《中华人民共和国银行业监督管理法》进行处罚，而非《反洗钱法》。

《中国银保监会外资银行行政许可事项实施办法》中规定，申请筹建外商独资银行、中外合资银行、外国银行分行的申请人、股东应当具备有效的反洗钱措施，其专营机构及支行开业、设立外国代表处、调整出资比例、更改股东、变更公司组织形式、公司合并分立、开办衍生产品交易业务等情形，均应当向当地的银保监局提交洗钱、反恐怖主义融资制度或相关报告、承诺书。

（2）保险机构

保险公司、保险资产管理公司及分支公司履行反洗钱义务的主要依据为《互联网保险业务监管办法》《保险公司管理规定》《保险业反洗钱工作管理办法》。依据上述规定，保险机构应履行客户识别、尽职调查、保存客户身份资料与交易记录、对大额交易与可疑交易向反洗钱检测中心及人民银行报告等义务。

《保险机构洗钱和恐怖融资风险评估及客户分类管理指引》提出了保险业务客户尽职调查详尽有效的措施，要求保险机构对短时间内频繁投保、退保的客户进行风险识别，对高风险用户重点监控，例如，对受益所有人应按照《中国人民银行关于进一步做好受益所有人身份识别工作有关问题的通知》，具化受益人身份识别的内部管理制度和操作规程。此外，保险机构提高了对董事、监事、高级管理人员的注意义务程度，2021 年发布的《保险公司董事、监事和高级管理人员任职资格管理规定》要求负责人接受反洗钱培训。在公司出现反洗钱内控巨大隐患时，由银保监会对其谈话，并可责令限期整改。

（3）证券、期货、基金、保荐公司

与银行、保险机构类似，证券期货机构应当建立客户风险等级划分、资料保存、可疑交易报告等制度，每年年初要上报证监会派出机构宣传与预防工作的进展。在不履行上述义务时应对其责令改正、监管谈话或责令参加培训等。《公开募集证券投资基金销售机构监督管理办法》中也明确基金销售机构要具有有效的客户尽职调查制度和交易记录保存制度，违反规定的证监会可对其采取监管谈话、出具警示函、责令改正等措施。除此之外，证券激活机构还须承担举报义务，即在收到反洗钱行政处罚或发现工作人员、客户从事洗钱行为时应当在 5 个工作日内通知证监会的派出机构。保荐机构同样也须承担上述义务，但是在违反相关义务时须承担相对严格的责任，根据《证券发行上市保荐业务管理办法》，保荐机构疏于反洗钱业务管理的，视情节轻重，责令其暂停保荐业务、更换董事或高级管理人员、撤销保荐资格。

2. 特定非金融机构

对于特定非金融机构的主体范围以及义务内容，当前《反洗钱法》并没有明确。只是在 2018 年《中国人民银行办公厅关于加强特定非金融机构反洗钱监管工作的通知》（以下简称《非金融机构反洗钱通知》）中列举了五类非金融机构，包括房地产业、贵金属业、会计师与律师事务所、公证机构、公司服务提供商，并发布了各非金融机构的反洗钱部门规章，包括《中国人民银行关于加强贵金属交易场所反洗钱和反恐怖融资工作的通知》《住房城乡建设部 人民银行 银监会关于规范购房融资和加强反洗钱工作的通知》《财政部关于加强注册会计师行业监管有关事项的通知》。比如，贵重金属交易具有重塑性强、现金流动大等特点，国际组织也将其视为洗钱犯罪多发领域。中国人民银行出台《关于加强贵金属交易场所反洗钱和反恐怖融资工作的通知》，要求交易商户应当坚持"了解你的客户原则"，将保存交易记录 5 年。对可疑交易人员及时向反洗钱监测中心进行反馈，并告知公安、国安等部门。

3. 其他主体

随着洗钱手段的日益丰富，所涉及的领域也逐渐拓宽，反洗钱义务主体范围也进一步扩张，各行各业的反洗钱部门规章相继出台。

第一，金融消费者具有配合银行完成反洗钱调查的义务。根据《中国人民银行金融消费者权益保护实施办法》，若因为金融消费者致使银行、支付机构不能完成反洗钱义务的，银行或支付机构可以限制或拒绝对其提供金融服务。

第二，互联网的飞速发展也使其逐渐成为信息时代洗钱犯罪分子的重要渠道之一。互联网金融机构指的是以互联网络平台为依托，提供融资、支付、投资、借贷、众筹等服务的机构。《互联网金融从业机构反洗钱和反恐怖融资管理办法》指出，互联网金融机构除了传统的可疑交易、客户身份识别等常规反洗钱措施，还应当对反洗钱、反恐怖融资人员名单进行实时监测。违反此办法的由中国人民银行责令整改。

第三，在支付形式多元化的背景之下，丰富的非银行支付机构也为洗钱与恐怖融资提供了新型渠道。非银行支付机构指的是可以进行网络支付、预付卡发行以及中国人民银行确定的其他支付服务的机构，例如，发行超市购物卡、互联网转账支付、移动电话卡支付等。这些支付机构应当具备有效的反洗钱措施并接受中国人民银行不定期的检查。违反相关义务的按照《反洗钱法》规定对其进行处罚，严重违法的可以吊销其《支付业务许可证》。

第四，社会组织也被赋予了反洗钱义务。根据《社会组织反洗钱和反恐怖融资管理办法》，社会组织包括社会团体、基金会、社会服务机构和外国商会，这些组织应当雇专人进行反洗钱业务指导，制定反洗钱内控制度，在与对方交易时要尽到合理的注意义务，核实对方真实身份，并保存5年内的交易信息；发现洗钱线索时及时向中国人民银行汇报；违反规定的，由中国人民银行或者其地市中心支行以上分支机构依法予以处罚。

（二）反洗钱义务内容

《反洗钱法》中对于反洗钱义务的具体内容也作出了基本规定，其他监管机构在此基础上依据各行业的特色作出了细化规定，由此初步形成了客户身份识别与尽职调查、客户身份资料与交易记录保存、大额交易和可疑交易报告以及洗钱与恐怖融资风险评估这四项义务。

1. 客户身份识别与尽职调查

客户身份识别与尽职调查即了解客户身份、交易背景和风险状况，从而采取相应的风险管理措施。《反洗钱法》要求在与客户建立业务关系或者为客户提供规定金额以上的一次性金融服务时应识别并核实客户身份。[1] 中国人民银行、中国证监会、中国银保监会联合发布的《金融机构客户身份识别和客户身份资料及交易记录保存管理办法》将《反洗钱法》中所指"规定金额"确定为单笔人民币1万元以上或者外币等值1000美元以上，符合上述条件时，应当识别客户身份，了解实际控制客户的自然人和交易的实际受益人，核对客户的有效身份证件或者其他身份证明文件，留存有效身份证件或者其他身份证明文件的复印件或者影印件。中国人民银行、国家外汇管理局联合

---

[1] 《中华人民共和国反洗钱法》第16条.

印发的《银行跨境业务反洗钱和反恐怖融资工作指引（试行）》指出，银行应在为客户开立外汇账户或与客户建立跨境业务关系时坚持"了解你的客户"原则，进行持续的客户识别。中国证监会印发的《公开募集证券投资基金销售机构监督管理办法》中第 18 条要求有效识别投资人身份，核对投资人的有效身份证件，登记投资人身份基本信息。上述文件均提出了对客户尽职调查的要求。在客户尽职调查制度的执行过程中，监管机构针对不同情形作出了区别标准以及加强审查的要求。

《金融机构客户身份识别和客户身份资料及交易记录保存管理办法》对不同机构达到何种业务量时采取身份识别做出不同标准。例如，银行、信用社对自然人单笔超过 5 万元人民币或 1 万美元以上的现金存取应当进行身份识别；保险机构退还保单、保费超过 1 万元或 1000 美元时应当进行客户识别；证券、期货、基金等机构办理业务时不以金额为依据地进行客户身份识别。

2017 年《中国人民银行关于加强反洗钱客户身份识别有关工作的通知》则要求对特定业务关系与特定自然人单位采取针对性加强的方式。特定自然人包括实际受益人、代理人、外国政要、国际组织的高级管理人员及上述主体的特殊关系人。实际受益人即实际控制客户的自然人和交易的实际受益人，通常包括公司实际控制人以及最终交易过程享受经济利益的人。[1] 中国人民银行对公司、合伙企业、基金等自然人、机构以 25% 的份额或收益为标准进行识别判定。对代理人进行身份识别的原因在于可能出现代理人借用被代理人的名义或帮助被代理人进行洗钱，对代理人的识别相较实际受益人而言难度更小。对外国政要以及国际组织的高级管理人员重点监测缘由在于腐败官员为逃避司法侦查将资产转移至境外。外国政要洗钱不但造成贪污资金外流，其案件若被公之于众容易引起金融市场的波动。因此，对其身份识别重点了解是否为真实身份、是否获得国家或组织授权，对其提高监测的频率与强度。特定业务关系包括对于寿险和具有投资功能的财产险业务，业务中无法进行客户身份识别的，业务主体包括国际反洗钱组织指定高风险国家或者地区的客户等。洗钱行为往往通过洗钱成功率高、反洗钱监督薄弱的环节入手进行

---

① 鲁政. 反洗钱客户身份识别制度设计与实务操作技巧 [M]. 北京：中国金融出版社，2015：34.

洗钱行为，例如，大额现金存取、跨境汇款汇兑、签订解除保险合同、保险给付以及批量代发等业务。因此，《中国人民银行关于加强反洗钱客户身份识别有关工作的通知》中强调应当根据产品、业务的风险评估结果，结合业务关系特点开展客户身份识别。不同的金融机构采取针对性、差异性的客户身份识别流程，这也是落实"风险为本"的体现。

2. 客户身份资料与交易记录保存

金融机构的客户身份资料与交易资料保存是一项重要而基础的工作，各个国家经济法、金融法律以及会计法均有所规定。从反洗钱角度，保存身份资料与交易资料能够协助客户尽职调查的顺利完成，同时便于司法机关搜集证据、刑事诉讼。在可疑交易监测过程中发现异常的，也需要以客户的身份资料背景为依据，判断对特定客户而言是否为异常操作。

客户身份资料与交易记录保存应当恪守安全、准确、保密等原则。根据我国《反洗钱法》和诸多规范性法律文件，客户身份资料与交易资料应当严格保密，无法律依据的情况下不得对任何组织提供，司法机关获得相应资料也只能用于刑事诉讼。金融机构在采集和保存个人信息的时候应当告知并经过客户同意，《网络安全法》第22条和第41条规定互联网产品、服务收集用户个人信息的应当经过用户同意，收集范围、目的和方式也应当被用户知悉。2020年10月开始实施的《信息安全技术个人信息安全规范》中同样载明，收集个人信息的应确保被收集主体是在自愿、明知的基础上做出的决定，并明确告知拒绝或同意收集信息所带来的后果。

反洗钱法也规定了金融机构对客户身份资料、交易记录的保存、变更办法，但对哪一些身份信息、交易记录进行保存无明确规定，应当根据不同行业、不同业务需求进行定夺。《金融机构客户身份识别和客户身份资料及交易记录保存管理办法》细化金融机构保存相关信息规定，同时也为了契合《FATF 40项建议》，要求交易信息从当年计起至少保存5年，若有洗钱嫌疑的应当至少保存到洗钱调查结束。客户资料包括但不限于以下内容：个人有效身份证件、代理人的有效身份证件、个人外貌及生物特征、业务经办人的身份资料、法人的董事与其他高级管理人员的名单、股份制公司的股东名单及持股类型、客户经营状况、受益人的身份资料及家庭背景等。需要保存的类型一般认为可以分成两大类：财目变动的交易记录与操作变动记录。① 财目变动记录泛指能够引起资金、资产增加或减少的记录。操作记录根据业务类型不同所记录的内容也不同，例如，银行业银行卡的解除、绑定、挂失银行卡，保险业更换受益人等等。此外，若金融服务客户拒绝提供个人信息，根据《中国人民银行金融消费者权益保护实施办法》规定，金融消费者拒绝履行反洗钱义务的银行或支付机构可以限制或拒绝为其服务。

3. 大额交易和可疑交易报告

大额交易与可疑交易报告是大部分国家金融机构预防、控制与识别洗钱活动的主要途径。② 中国人民银行在 2016 年发布《金融机构大额交易和可疑交易报告管理办法》，在《反洗钱法》所规定的报告义务基础之上，进一步明确不同主体、不同范围大额交易的标准。证监会制定的《中国证券监督管理委员会关于做好大额交易和可疑交易报告及相关反洗钱工作的通知》和保监会制定的《中国保险监督管理委员会关于加强保险业反洗钱工作的通知》，均对大额交易与可疑交易做出了与业务相关的管理规定。可见大额交易与可疑交易的报告制度成为金融机构的强制性义务，识别大额交易与可疑交易应当按照法律或行政主管部门标准对数额、交易目的和受益所有人身份等内容进行监控。

大额交易的数额有不同分类标准，对于所有现金结算，超过 5 万元人民币或 1 万美元应当报告。内地银行账户之间划转自然人超过 50 万元人民币或非自然人超过 200 万元人民币应当报告。大额交易的计算方法一般是以客户为单位，《支付机构反洗钱和反恐怖融资管理办法》中要求同一个用户开设了多个账号时应当建立联系、统一管理。大额交易与交易记录保存在管理要求上近似，将大额交易的记录保存至 5 年以上，处在反洗钱调查过程中的应当保存至调查工作结束。大额交易记录非依法律规定也不得向任何单位和个人提供。

2004 年我国成立了反洗钱监测中心，其职能之一是接受各行业所提交的可疑交易报告。与大额交易的标准不同，可疑交易报告的标准由不同机构自

① 刘乃晗，谢利锦. 反洗钱合规实务指南 [M]. 北京：北京法律出版社，2020：185.
② 陈浩然. 反洗钱法律文献比较与解析 [M]. 上海：复旦大学出版社，2013：187.

已拟定,《金融机构大额交易和可疑交易报告管理办法》只发布了原则性参考依据,提醒机构注意高风险的地区、资产规模、客户群体。非自然人交易监测不仅仅关注客户身份、资金流向、资金数量等,还应当对当地犯罪情况、洗钱风险评估、地域分布、资产规模等内容进行综合性的判断。可疑交易监测由银行先通过系统建模对可疑交易进行提取,随后进行人工判断。一般认为需要提取的内容包括:有证据证明异常交易违法;没有证据表明该异常交易合法;无法完成客户尽职调查内容;身份识别过程中发现了可疑情形。《金融机构大额交易和可疑交易报告管理办法》还规定了回溯性调查,即恐怖主义活动组织或成员名单调整的,金融机构要对调整人员过去三年内的交易进行回溯性调查并提交报告。目前仅针对涉恐的回溯性调查作出规定,在洗钱高危名单采取回溯性调查也应当考虑是否需采取该措施。

对于既是大额交易又是可疑交易的,金融机构应当分别提交两种不同报告,在提交反洗钱检测中心之后还应当以电子或书面形式向中国人民银行或分支机构进行报告。提交之后应当提高相关客户、账户的风险等级,对这些客户采取限制账户、降低交易限额等措施,并重新对客户身份进行识别。

4. 洗钱与恐怖融资风险评估

风险评估包括两方面:一是对自身面临的洗钱与恐怖融资风险进行评估;二是对自身产品、服务、控制措施在遏制洗钱行为的有效性方面进行测评,目的是提高反洗钱工作的有效性与针对性,为金融机构划分客户洗钱风险等级提供依据,优化资源配置。《国务院办公厅关于完善反洗钱、反恐怖融资、反逃税监管体制机制的意见》中便提出了"以风险为本"的要求。应建立健全以防控风险为本的监管机制,以有效防控风险为目标,持续优化反洗钱监管政策框架①,各监管机构也发布了具体的风险评估指引。

中国保监会发布的《保险机构洗钱和恐怖融资风险评估及客户分类管理指引》中提出保险机构的风险自我评估应当坚持风险为本、动态管理和保密三大原则。从内外两方面对自身遭受洗钱可能性进行自评,包括产品与业务流程两大主线。对内的产品评估要从属性进行考察,例如,历史退保比例和

---

① 参见《国务院办公厅关于完善反洗钱、反恐怖融资、反逃税监管体制机制的意见》(十四).

退保金额大的产品更有可能被洗钱犯罪分子所利用，保单质押变现能力越高，其洗钱风险也就随之增长。为防止业务流程出现洗钱行为漏洞，《保险机构洗钱和恐怖融资风险评估及客户分类管理指引》提出了十二项高风险业务流程环节，例如，保险费收取方式是否包括现金，是否限制退保至第三方账户，资金支付至境外是否有规定等。这些环节把控严格则会大大降低洗钱犯罪的可能性。对外部的风险评估采取人与行为综合测评的方式。对客户的风险评估近似于客户尽职调查的规定，对保险机构客户的国籍、所在地洗钱犯罪率、身份年龄进行综合判断。对行为要看其是否出现趸缴大额保费、重复投保、全额退保等异常性行为。

中国人民银行针对金融机构分别印发《法人金融机构洗钱和恐怖融资风险自评估指引》与《金融机构洗钱和恐怖融资风险评估及客户分类管理指引》，旨在提升反洗钱和反恐怖融资工作有效性。金融机构风险评估风险坚持相当原则、全面性原则、同一性原则、动态管理原则、自主管理原则、保密原则，适用于银行业、保险业和特定非金融机构。其风险评估的四个基本指标是客户特性、地域、业务、行业，根据不同金融机构的不同特点还可以设置差异化、针对化的评估要素。法人金融机构的风险评估与此类似，针对地域环境、客户群体、产品业务、交易渠道进行风险评估，具体来说：

第一，地域环境方面。要遵循 FATF、亚太反洗钱组织（以下简称 APG）、欧亚反洗钱及反恐怖融资组织（以下简称 EAG）等组织提供的风险提示，并重点考虑恐怖宗教主义、贩卖妇女儿童、海盗、金融有组织犯罪、贪污腐败等犯罪活动频繁的国家和地区，既要考虑我国反洗钱监控要求又要考虑其他世界组织提倡并被我国认可的要求。

第二，产品业务方面。要及时清点本金融机构的高风险金融服务，定期评估与改良。对与现金关联程度高、非面对面交易、跨境交易、代理中介等经济活动重点监测。频繁进行异常、大额交易的组织人群，金融机构应当考虑提高其风险评级。

第三，行业方面。重点对《FATF 40 项建议》提到的高风险行业、现金流密集行业、外国政要及国际组织负责人等职业进行风险评估。合理预判一些行业客户的金融状况、经济交易背景，适当地考虑某些职业技能被不法分子用于洗钱的可能性。

第四，客户方面。综合考虑客户的信息隐蔽程度、身份文件种类、股权架构、控制权所在、客户持续交易往来，权威报道的新闻、名誉、声誉也是进行风险评估的重要因素。

基于上述四大要素，通过定性分析和定量分析相结合的方式计算风险等级，以百分制为参考，风险最高即 100 分，评级不得少于三级，充分体现灵活性。同时规定了低风险评估客户的否定性行为，即出现某些行为时即使是低风险客户也要进行审慎考虑，不可随意基于低分进行评价。

第三节　反洗钱国际法律制度体系

在互联网信息化、经济全球化的背景下，洗钱行为凸显跨境趋势，跨境资金流动规模逐渐扩大，密切的反洗钱国际合作极为重要。中国自《禁毒决定》颁布以来，一直致力于完善反洗钱法律体系，签署了一系列国际公约，并加入了 FATF 等国际反洗钱组织，多边国际合作成效显著。据《2020 年中国反洗钱报告》的数据显示，截至 2020 年年底，中国反洗钱监测分析中心已经与 56 家境外金融情报机构签署了合作协议，全年接收了 39 个国家和地区提供的 413 份情报信息，并向境外对口机构发起 45 次国际协查。①

一、签署并批准反洗钱相关联合国公约

我国作为联合国安理会常任理事国，签署了一系列联合国国际公约，并按照相关公约要求完善国内立法、明确反洗钱国际合作方式方法，展现了我国在反洗钱与反恐怖融资领域的大国担当。

1988 年联合国通过了《联合国禁止非法贩运麻醉药品和精神药物公约》，我国于 1989 年经全国人大常委会批准加入并对第 32 条第 2 款和第 3 款做出保留。在此之前联合国已有 1971 年《精神药物公约》，但在国际毒品犯罪猖獗

---

① 中国人民银行. 中国反洗钱报告（2020）［R］. 北京：中国金融出版社，2020.

的时代背景下，为打击毒品犯罪、遏制毒品贸易，联合国做出进一步完善。其中第 3 条"犯罪和制裁"中要求各缔约国将隐瞒或掩饰毒品犯罪非法来源纳入国内刑法当中。因此，我国 1990 年出台了《禁毒决定》，并利用刑法中"掩饰、隐瞒出售毒品获得财物的非法性质与来源罪"打击毒品犯罪，其核心思想与公约总体保持一致。

20 世纪末国际恐怖主义活动频繁，恐怖主义袭击在各大城市相继发生。联合国于 1999 年通过《制止向恐怖主义提供资助的国际公约》，随后我国于 2001 年签署该公约。该公约的目的在于切断恐怖主义的资金援助、鼓励各国防止、压制和消灭恐怖主义。为了与条约要求相契合，我国《刑法修正案（三）》正式增设"资助恐怖主义活动罪"。

2000 年 11 月联合国通过了《联合国打击跨国有组织犯罪公约》，我国于 2003 年批准并对第 35 条第 2 款予以保留。该公约规定了四大类犯罪活动：参加有组织犯罪集团活动、洗钱犯罪活动、贪污腐败犯罪活动、妨害司法类犯罪活动，该条约的缔约国应当将上述犯罪行为纳入刑法规制。条约要求建立客户尽职调查、可疑交易报告、交易记录保存等相关制度，同时第 7 条提出各国应当开展国家、国际一级的洗钱信息交流与合作。

2003 年《联合国反腐败公约》在墨西哥梅里达开放各国签署，我国虽然于 2005 年批准加入该公约，但在诸多方面具有立法上的差异。最明显的是犯罪主体，《联合国反腐败公约》认为各缔约国可以将上游犯罪主体排除在洗钱罪范围之外，而该语句同样也可被理解为可以将洗钱上游犯罪主体纳入洗钱罪范围之内。① 我国在 2021 年《刑法修正案（十一）》才将自洗钱行为纳入洗钱罪当中。其次，该公约第 23 条中规定："各缔约国均应当寻求将本条第一款适用于范围最为广泛的上游犯罪。"但我国在批准加入时仅具有 4 大类上游犯罪，在 2006 年时扩展至 7 大类。该公约对我国洗钱刑事立法的完善起到了重要的推动作用。

我国对上述国际公约的签署并积极履行公约义务的行为表明了我国在平等互惠的原则指导下与各国共商反洗钱对策与措施，彰显了我国积极融入反

---

① 马克昌. 完善我国关于洗钱罪的刑事立法——以《联合国反腐败公约》为依据［J］. 国家检察官学院学报，2007（6）.

洗钱行动组织，打击洗钱犯罪活动的决心。以脚踏实地、勤奋认真的态度响应反洗钱国际组织倡议，体现了法治国家的责任与担当。

二、加入 FATF 与反洗钱合作

为了打击洗钱与资助恐怖主义活动的行为，1989 年在巴黎举行的西方七国首脑会议上成立了反洗钱金融行动特别工作组，简称为 FATF。在成立后的一年内旋即发布《FATF 40 项建议》，全面列明了反洗钱行动的措施、纲要、合作等内容。2004 年为打击恐怖主义新增联合国条约批准与执行、冻结没收恐怖主义资产、恐怖融资可疑交易报告、非营利组织等 9 条建议，形成"40+9 项建议"。2012 年 FATF 对建议内容进行再修订，形成了一套强有力的反洗钱防控措施与标准。目前 FATF 拥有 39 个成员国，2004 年中国人民银行代表中国政府提交了加入该组织的申请，2005 年我国成为该组织的观察员国，最终于 2007 年成为正式成员。FATF 经过多次考察之后于 2007 年 8 月发布了长达 165 页的评估报告，对中国反洗钱法律体系、法人与非法人洗钱预防措施、国际合作等内容做出详细评述。FATF 认为，中国在很短的时间内在反洗钱领域取得了巨大的成就，但是相比《FATF 40 项建议》的要求依然十分有限。FATF 在最后的建议表中提出许多修改意见，例如，刑事法领域内应当将自洗钱规定为洗钱罪，涉及洗钱的犯罪均应当认可法人作为刑事责任主体的地位，"恐怖主义活动""资助"等词语应当做出合理且明确的界定。这些建议在我国后续刑法修正案与司法解释中做出了有针对性的修改以契合 FATF 对反洗钱措施的要求。在 2020 年 FATF 对中国做出的跟进评价中认为，中国在合规性上取得了进步，不符合建议数有 6 项。针对 FATF 对中国的后续评价报告指出的问题，中国已经开展《反洗钱法》的修订工作，持续强化国家反洗钱和反恐怖融资协调机制。2019—2020 年，中国担任 FATF 主席国，在 FATF 第 31 届第 3 次全会上，中国人民银行行长易纲指出，该年度在打击、防控虚拟货币、打击非法野生动物交易等方面取得了卓越的成果。

FATF 一般每年发布三次洗钱行为风险高、司法监管薄弱的地区，旨在让各国交易时保持小心谨慎的态度，保护各成员国金融稳定秩序。因此，这个名单一般也被称为灰名单（Grey list）。在 2021 年 6 月最新发布的名单上列举了菲律宾、巴基斯坦、柬埔寨等 22 个国家。我国为履行作为 FATF 成员国的义务，在《中国人民银行关于加强反洗钱客户身份识别有关工作的通知》《法人金融机构洗钱和恐怖融资风险自评估指引》《金融机构洗钱和恐怖融资风险评估及客户分类管理指引》等多个规范性法律文件当中要求将 FATF 列举的高风险地区国家进行重点监测，特别是在客户身份识别中要强化身份识别措施。

在新型冠状病毒的影响下，FATF 发布了《新冠背景下的洗钱与恐怖融资——风险与政策回应》（*COVID-19-related Money Laundering and Terrorist Financing——Risks and Policy Responses*）。这一报告指出，在新冠感染肆虐的背景下，各国政府采取了税收减免措施和社会援助措施，因此可能导致反恐怖融资或反洗钱的政策和立法举措产生停滞。犯罪分子极有可能借立法的推迟和政策的暂停实施这一系列漏洞进行洗钱行为。报告提到中国向所有监管主体以及中国人民银行的支行发布了疫情防控期间反恐融资、反洗钱指导意见，鼓励制订应急计划，为了疫情防控可以适度减轻客户身份识别要求，但还是应当保持对反恐融资等高风险领域的注意义务。这一举措体现了我国在新型冠状病毒疫情这一特殊时期，结合具体情况对反洗钱与反恐怖融资工作采取的积极调整。

三、签订国际刑事司法协助条约和双边引渡条约

经济全球化和信息化背景下洗钱行为跨境趋势更加凸显，没有明显的犯罪场所和直接的被害人且犯罪形式多变，因此开展不同国家和地区之间的司法协助是打击洗钱犯罪的重要举措。《FATF 40 项建议》第 37 条指出，各缔约国应就洗钱犯罪和上游犯罪的侦查起诉展开尽可能多的司法协助。开展与他国的刑事司法协助，是团结国际反洗钱力量、密切洗钱职能部门合作的重要一环。

我国是世界上开展反洗钱司法协助与国际合作相对较晚的国家，但自反洗钱行动开展以来取得了长足进步。据统计，我国在 2014 年之前同 52 个国家和地区缔结了刑事司法协助条约，同 39 个国家缔结了双边引渡条约。2015 年之后又与马来西亚、亚美尼亚、巴巴多斯等 5 个国家缔结了刑事司法协助

条约，与越南、土耳其、塞浦路斯、比利时等 7 个国家缔结了引渡条约。逐渐密切了与其他国家、国际组织反洗钱合作关系，为打击跨国洗钱行为奠定了基础。从实践角度出发，阻碍国家之间开展司法协助问题有多种类型，例如，双方没有合作协议、未能共同加入公约、双方或一方无国内立法支持等。FATF 建议缔约国不应当禁止提供司法协助或设置苛刻条件，在程序上应当明确有效。2018 年我国出台《中华人民共和国国际刑事司法协助法》，细化规定送达文书、调查取证、强制措施、没收返还、移管被判刑人等多项司法协助事宜，对国家监察委员会、最高人民法院、最高人民检察院、公安部、国家安全部等中央机构职责进行了分工。这一立法举措为我国刑事司法协助提供了明确的程序依据与国内法保障。

引渡的国际实践中具有两项重要的原则即双重犯罪原则与本国国民不引渡原则，FATF 希望成员国对上述两项原则有所突破。双重犯罪是指引渡或司法协助中请求国和被请求国在法律上均将某一行为视为犯罪的现象。双重犯罪原则既是许多国家刑法追溯犯罪的常用准则，也是国际上请求对方司法协助的重要依据。这一原则的存在尊重双方司法主权、保障了基本人权，但也有可能降低对犯罪的打击力度和国际合作效率。1988 年《联合国禁止非法贩运麻醉药品和精神药物公约》第 7 条提出了部分打破双重犯罪原则的构想，随后"双重可罚性"得到了更多的提倡。FATF 在建议中也呼吁，如果不涉及强制措施，一般应当提供司法协助。而本国国民不引渡原则与双重犯罪原则一样有利于维护国家司法主权和本国国民利益。大陆法系的国家一般认可本国国民不引渡原则，而英美法系国家则主张本国国民可以引渡。① 1998 年《国际刑事法院罗马规约》规定了缔约国应当向国际刑事法院引渡本国国民。FATF 针对本国国民不引渡原则也提出"各国应允许引渡本国国民"，如果确实因为国籍原因无法引渡的至少应该在本国起诉。从立法趋势上来看，越来越多的国家放弃本国国民不引渡原则或采取相对引渡的原则。我国 2000 年通过的《引渡法》采取的是绝对不引渡原则，但最近几年与泰国、柬埔寨、菲

---

① 马德才. 中外双边引渡条约中有关引渡的一般原则探析［J］. 江西财经大学学报，2007 （4）.

律宾等国签订的引渡协议采取了相对不引渡原则,① 表明我国积极、负责任地打击犯罪的态度。FATF 对中国后续评估报告中认为,中国在第 37 条与 39 条上的表现均为基本符合(largely compliant),说明中国还需要有力措施继续与国际社会在反洗钱互助上通力合作,实现及时有效地打击跨国洗钱犯罪的目标。

---

① 熊安邦. 跨国追逃中引渡措施的困境及其应对 [J]. 时代法学,2018(4).

第二章

洗钱的行为模式、特征与发展趋势

洗钱行为模式的成形与变化与经济、金融发展密切相关。以人类社会进入网络信息化时代为界限，可将洗钱犯罪的行为模式分为传统与新型两大类。在传统洗钱行为模式下，犯罪分子多通过物理意义上的人工手段进行资金转移，资金载体多表现为银行、证券、保险、信托等传统金融工具；而在信息技术支持下的新型洗钱行为模式，网络化、数字化特征明显，资金载体更加匿名化、隐蔽化，如网络支付平台、虚拟货币、离岸金融账户等。鉴于当前对传统模式的研究已经较为全面和深入，本书将着重分析新型洗钱行为模式，并从中归纳出洗钱活动的特征与未来发展趋势。

第一节 洗钱的行为模式

一、传统洗钱行为模式

洗钱行为在人类社会大跨步迈入信息时代以前就存在已久。在网络支付与结算繁荣之前，犯罪分子倾向于通过物理意义上的人工手段实施洗钱。如"人肉"现金转移或走私，不法分子通过"蚂蚁搬家"的方式，将犯罪所得分批次、分阶段地运送到境内外指定地点进行保存、转换，从而达到其犯罪所得合法化之目的。抑或化整为零，分拆资金，多次、小额地将资金在银行、证券、保险、信托等金融账户之间移转，模糊其真实来源，以逃避有关部门对大额、可疑交易的监管。

其次，贸易与投资中的洗钱行为也是屡见不鲜，主要模式包括三种：一是虚假货物买卖，不法分子通过贸易真实性难以核实这一漏洞与其他公司串联合谋，签订虚假贸易合同，伪造商品的数量或价格，利用载于名义买卖文件上与实际货品间的差额实现目标资金的流动与转移；二是虚假投资，犯罪分子假借投资者之名，通过伪造的直接投资合同完成资金流转与支付结算；三是通过投资移民，利用境外一些国家在投资移民方面较为宽松的限制与监管，实现资金与人员的双重跨境转移，近年来成为不少贪腐人员热衷的境外出逃方式。

除此之外，通过地下钱庄、赌场等黑灰领域转移并掩饰、隐瞒资金的来源与性质，也是较为常见的传统洗钱模式。

二、新型洗钱行为模式

伴随着世界经济、金融体系一体化、数字化发展，国际贸易与资本开始呈现出一种前所未有的新样态，而也为与之相伴而生的金融犯罪打上了独有的时代烙印，诸如网络支付平台、虚拟货币、离岸金融等全新金融产物也相继进入人们的视野。由于其天然的技术鸿沟横亘于非专业人员身前，不可避免地将造成立法、司法、执法调查等一系列障碍，致使此类新型洗钱犯罪野蛮生长。

（一）网络支付平台洗钱

网络支付平台是指通过互联网直接或间接与银行等金融机构对接、急性资金支付结算的平台，它独立于客户与银行等金融机构，起到交易中介作用。当前，常见的网络支付平台主要分为第三方支付平台与第四方支付平台两种。

1. 第三方支付平台洗钱

第三方支付平台是指平台提供商通过通信、计算机和信息安全技术，在商家和银行之间建立连接，从而实现消费者、金融机构以及商家之间货币支付、现金流转、资金清算、查询统计的一个平台。作为网络交易的监督人和主要支付渠道，第三方支付平台提供了更丰富的支付手段和可靠的服务保证，比如日常生活中常用的支付宝、微信支付、云闪付等。

随着内地居民境外旅游增多和全球跨境电子商务的爆发，第三方支付跨境支付业务发展迅速。国际结算和跨境支付作为重要环节，各个支付商都在为卖家提供相应的技术支持与服务，目前具体的交易方式有电汇、西联汇款、PayPal、国际支付宝、信用卡、区块链支付、MoneyGram（速汇金业务）。其中，国内用户使用第三方支付渠道完成国外电商平台交易的比例为 68.3%。一方面，跨境支付业务具有全球性、即时性、无纸化和快递迭代的特征；但另一方面，跨境支付平台和产品不断迭代，在带来便捷的同时也带来了新风险。

《2019 年全球跨境支付报告》显示，截至 2018 年 5 月，拥有人民币跨境支付系统（CIPS）的机构共有 755 家，其中包含 31 家直接参与者、724 家间接参与者。除了持牌的支付机构进场之外，市场上还出现了大量服务跨境支付产业链的创业公司。一家头部支付公司的跨境支付负责人透露："但实际上，这个领域 80% 都是虚构交易，很多都涉及洗钱。"

2. 第四方支付平台跨境洗钱

第四方支付平台实质上是脱胎于第三方支付的一种嬗变，相较而言，其跨境洗钱风险更大。第四方支付，又可称之为"融合支付"或"聚合支付"，是一种通过技术手段将银行、第三方支付等多种支付服务方式融合为一体的综合性支付服务，常见的聚合支付产品有聚合扫码、智能 POS、扫码枪、扫码盒子等。第四方支付最初作为第三方支付外包服务商的角色出现，并随着移动支付规模爆发式增长而快速发展。[①]

近年来，第四方支付平台在跨境网络洗钱犯罪中大行其道，主要是因为该类平台互联网科技和网络金融业态，借助原先辅助支付、便利商业的第四方支付躲避第二方、第三方支付的牌照监管和账户预警，从而能低成本、跨平台、碎片化地进行大量洗钱活动。[②] 跨境赌博、电信网络诈骗、淫秽视频传播、套路贷等多种犯罪都系利用第四方支付进行资金结算的情况，由于第四方支付的无牌经营性、灵活便捷性、监管滞后性，容易被犯罪分子利用，成为网络洗钱黑灰产业链的重要环节。2020 年 5 月，福建省南安市公安局摧毁一条涉案金额达 2 亿余元的网络"黑灰产"链条——利用第四方支付平台为赌博、诈骗等犯罪提供违法支付结算服务。2021 年，山东省淄博市周村公安

---

① 刘伟. 第四方支付，犯罪边界在哪里 [N]. 检察日报，2021-09-07 (007).
② 刘伟. 第四方支付，犯罪边界在哪里 [N]. 检察日报，2021-09-07 (007).

分局成功侦破一起利用非法第四方支付平台涉百亿特大洗钱案件。2022 年 4 月，湖北省宜昌市公安局通报其侦破的一起利用"沐融""helloepay""迈虎"等违法搭建的第四方支付平台为跨境赌博团伙洗钱逾 43 亿元的特大案件。

非法第四方支付平台主要包含两种类型：一是第四方支付平台及资金数据为犯罪活动提供资金支付结算服务；二是犯罪分子为进行资金支付结算而采用各种方式自行设立的第四方支付平台及资金数据资源。

目前市面上主要的非法第四方支付平台"跑分"平台、支付账户、电子商铺（虚假交易）、话费充值等大多属于第二种模式。比如支付账户模式中，犯罪分子通过大批量收集他人信息（银行卡、手机卡、身份证、银行 U 盾等数据信息）与无实际经营业务的空壳公司资料（工商资料、银行对公账户、法人资料等数据信息），在支付宝或微信等第三方支付机构注册个人或企业支付账户，或直接购买他人的支付账户（支付宝账号等），再将上述账户数据信息绑定在自己搭建的非法支付平台上，实现资金的非法支付结算。再如电子商铺模式下，非法第四方支付平台根据电商平台交易频繁、金额巨大的特点，先利用入驻店铺资质审核的漏洞或向他人购买证照信息，开设空壳店铺并上架多种不同的虚拟商品，再通过掌握的大量非实名用户账户在上述店铺中发起交易请求；进入支付环节时将付款二维码进行技术提取后直接用于赌博平台资金的收取，然后将收取到的赌资直接提现至相关银行卡，最后按照约定比例与赌博平台进行分成提现，从而将非法资金隐藏在电商平台巨额资金流中以规避风控识别（如图 2.1 所示）。[①]

非法第四方支付平台不仅有损我国经济金融秩序，多面向侵害公民个人信息，更容易催生网络黑灰产业链，为洗钱行为人提供"一条龙"服务。事实上，第四方支付平台所涉及的犯罪远不止《中华人民共和国刑法》第 191 条所规定的洗钱罪一种，明知是赌博网站，并为其提供资金支付结算服务，可能属于开设赌场罪的共同犯罪；未经国家有关主管部门批准非法从事资金支付结算业务，也可能构成非法经营罪。除此之外，第三方支付服务商收取的服务费基本低于 1%，而为网络犯罪提供资金支付结算服务的非法第四方支

---

① 郑旭江，刘仁文．非法第四方支付的刑法规制［J］．社会科学研究，2021（2）．

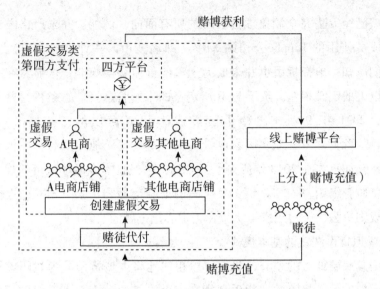

图 2.1　第四方支付中的电子商铺运转模型

付平台，其收取的佣金往往远高于 1%①，足以认定行为人主观上的"明知"。因此，行为人也可能构成我国《刑法》第 287 条第 2 款所规定的：明知他人利用信息网络实施犯罪，为其犯罪提供支付结算等帮助，情节严重的，构成帮助信息网络犯罪活动罪。

（二）虚拟货币洗钱

虚拟货币（Virtual Currency）是一种基于节点网络和数字加密算法的虚拟的货币，也可以被认为是一种处于监管之外，不同于传统实物货币的数字化货币。其概念滥觞于 2012 年，当时欧洲中央银行（European Central Bank，ECB）将虚拟货币定义为"一种游离于监管之外的由开发者发行与控制的数字货币和特定虚拟社区成员间的支付方式"；② 美国国内税收署（Internal Revenue Service，IRS）指出"虚拟货币是近似于账户单位的一种价值的数字化表现形式，也是一种价值的储存形式与交换媒介"。③ 但是十年之后，以上

---

① 牛超群．非法第四方支付平台及其数据治理对策［J］．网络空间安全，2021（12）．

② 欧洲中央银行．虚拟货币计划案（Virtual Currency Schemes）［A/OL］．（2012−10−30）［2022−04−10］．

③ 美国国内税收署［EB/OL］．（2022−04−10）．

定义显然已经无法完全涵盖虚拟货币的所有面向，例如，并未严格限制由虚拟社区成员使用的 Ripple 公司的 XRP（即瑞波币，一种虚拟货币）。同样，正如我们所知，虚拟货币也并未成为主流的价值交换媒介，这显然在一定程度上与以上的定义相左。至于 ECB 所定义的未监管这一前置条件近些年也逐渐瓦解，2021 年 9 月，比特币已经成为萨多瓦尔的法定货币（Legal Tender）①。除此之外，众多国家也纷纷或严苛或宽松地建立起对虚拟货币的监管体系，如日本在 2018 年成立了 JVCEA——经日本金融厅认可的加密货币行业自主监管组织；② 2022 年 1 月，美国证券交易委员会（SEC）也修改了其交易规则，强化了对于虚拟货币及去中心化金融的监管。③

1. 虚拟货币洗钱的基本模式

根据其底层算法的差异，我们可以粗浅地将虚拟货币分为封闭虚拟货币与开放虚拟货币。封闭虚拟货币是指在一个受控的私人生态系统中运作，无法通过公开渠道转换为另一种虚拟货币或现实世界的法定货币，典型例子即游戏中的游戏币、点券等；开放虚拟货币也被称为可转换的虚拟货币，它们运行于开放的生态系统中，并且可以转换为其他形式的货币（美国国内税收署认为此种转换过程是贸易交易的一种表现形式，需要纳税），其主要存在形式为稳定币（stablecoins）与加密货币（cryptocurrencies），如比特币（Bitcoin）、以太坊（Ethereum）等。

事实上，虚拟货币与数字货币的边界并未廓清。以比特币为例，它是一种以数字形式表示并具有一定货币特征的资产，当这种货币以主权货币计价，并由负责数字货币兑换现金的发行人发行时，这种货币就代表了电子货币。当其基于自身的价值分散或自动发行时，这种计价的货币就被视为虚拟货币。因此，比特币既是一种电子货币，也是一种虚拟货币。④ 可以发现，这些定义都在一定程度上将虚拟货币与数字货币的界限模糊等同。虚拟货币作为一种

---

① 华尔街日报. El Salvador Becomes First Country to Adopt Bitcoin as National Currency［EB/OL］.（2021-09-07）［2022-04-10］.

② 参见 JVCEA 官网：https：//jvcea. or. jp/.

③ JDSUPRA［EB/OL］.（2022-04-11）.

④ FATF Virtual Currencies Key DeFinitions and Potential AML/CFT（2014）［R/OL］.［2022-04-10］.

新的支付方式，缺乏通用定义，更重要的是，随着虚拟货币的发展以及世界各国的差异化监管，其定义还有继续变化的可能。因此，为了更好地了解与规避虚拟货币所带来风险，此处所讨论的虚拟货币将以 FATF 2019 年发布的《关于将风险为本的方法应用于虚拟资产和虚拟资产服务提供商的现行指南》中的虚拟资产（virtual asset，VA）为标准，特指可以进行数字化交易，转移或用于支付的任何数字化价值表示的虚拟货币，不包括法定货币的数字表示形式。

一般而言，利用虚拟货币洗钱的过程大体上可分为三个阶段：

第一阶段——放置（Placement）。犯罪分子购买虚拟货币，将非法资金或犯罪收益引入网络金融体系中，注入所要"清洗"的渠道中。实际案件中洗钱行为人可能会结合其他手法混淆虚拟货币的来源，增强执法人员溯源之难度。

第二阶段——培植（Layering）。洗钱者利用虚拟货币的匿名性进行多层次、复杂化的交易，从而掩饰犯罪所得的性质和来源，切断资金与最初不法来源之间的关系，从而使相关资金具有合法的来源外观。

第三阶段——融合（Integration）。在完成对不法收入的"培植"过程后，洗钱行为人可以将所有已洗白的虚拟货币整合到特定地址上提现，即完成了洗钱的全过程，该笔资金也得以重新进入市场流通。

2. 虚拟货币洗钱的具体模式

目前，市面上常见的虚拟货币洗钱行为模式包括匿名币、USTD "跑分平台"、混币平台、NFT、DeFi 以及其他虚拟货币。

（1）匿名币（Privacy coin）洗钱

鉴于市面上主流的匿名币如 Monero、Zcash 等均使用了环签名证明（ZKPs）和零知识证明（zero knowledge proof）等加密技术手段，使得匿名币使用者的交易记录不可追踪。犯罪分子通常会把赃款在指定交易所兑换成匿名币，随后再进行后续的交易操作，很大程度上规避了执法机关的追查。

据日本《每日新闻》报社报道，自 2016 年起，日本某有组织犯罪团伙就通过匿名币进行跨境的洗钱活动，案涉跨境资金总额高达 300 亿日元（约合 15 亿元人民币）。相关部门的调查记录载明，在一个名为 "ZDM" 的数据文件上追踪到了该犯罪团伙使用匿名币"Zcash""DASH""Monero"进行洗钱的记录。该团伙成员首先在日本境内的交易所将团伙资金转换成常规的区块链货币，如比特币和以太坊等；随后在此基础上通过监管较为松弛的虚拟货币交易所（如俄罗斯的虚拟货币交易所"YoBit"）对其持有的区块链货币进行分散，将比特币或以太坊转换为"Zcash""DASH""Monero"等匿名币；通过持续的运作，其在俄罗斯的合作方会完成此笔洗钱行为的闭环，将交易链末端的匿名币于俄罗斯提现，转化为俄罗斯卢布。①

（2）USDT"跑分平台"洗钱

传统跑分是指为电信网络诈骗、网络赌博等违法犯罪活动提供银行卡、支付账户或者收款二维码等并帮助转移非法所得的行为。② 而 USDT（泰达币）是一种将加密货币与法定货币美元挂钩的虚拟货币，USDT 跑分是指跑分参与者在跑分平台购入泰达币作为保证金，参与跑分抢单，提供泰达币充值码给跑分平台，之后跑分平台汇聚并整合成充值码池，以充值接口方式提供给赌博平台供赌资充值，致使法定货币分散流转至跑分平台。目前，大量跑分平台、赌博平台基站均建立在中国境外，因此通过这种方式洗钱会造成不法资金的跨境流动，致使大量人民币于监管之外流转，且相当大程度上都与网络赌博平台关联紧密。相较于传统的跑分平台，USDT 跑分平台将原来的人民币保证金替换成了一种稳定币——泰达币 USDT，原来的微信、支付宝等第三方收款码则替换成了交易所的 USDT 充值地址，其主要交易模式如图 2.2 所示。

近些年，随着执法力度面的施压，公安机关取缔了大量的非法跑分平台，严守反洗钱工作的正面隘口。如 2021 年湖南省永兴县公安局破获的刘某湘、曹某伟、曹某涛、雷某英、李某涉嫌跑分一案，累计盈利 77500 元，协助转移违法资金近千万元人民币。又如 2021 年内蒙古自治区包头市公安局稀土高新区公安分局破获的一起利用虚拟货币跑分洗钱案，涉案流水高达 8000 余万元人民币。

---

① 日本每日新闻［EB/OL］.（2018-05-04）［2022-04-11］.
② 广东省珠海市刑侦大队官方微信公众号：一张图看懂什么是跑分和洗钱［EB/OL］.（2022-04-06）［2022-04-10］.

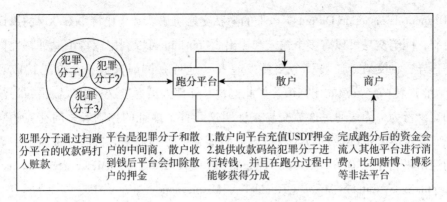

图 2.2 USDT 跑分平台洗钱流程

此外，还有大量代买虚拟货币形式的非典型跑分。主要分为将涉案"黑钱"转换为虚拟货币和将虚拟货币"洗白"为法定货币两个阶段。第一阶段，洗钱团伙雇佣"跑分客"在虚拟货币交易所注册认证开户后，"跑分客"在交易所的场外交易（OTC）平台代为购买虚拟货币，让"了解你的客户"（Know Your Customer，KYC）制度名存实亡。第二阶段，洗钱团伙委托场外币商撮合交易，将"跑分客"所持有的虚拟货币再转换为相应的，场外币商一般没有能力也不愿履行 KYC 制度，常常为"黑钱"提现提供举足轻重的帮助。

（3）混币（Mixer）平台洗钱

混币平台通常打着增强交易相关人隐私保护的噱头来提供隐藏交易路径和隐藏参与者身份的服务，并从中收取远超过正常商事交易活动中合理手续费支出的高额手续费。混币平台对于洗钱行为人最显著的作用是，它可以切断其输入资金与输出资金之间的关联，使该笔资金的来龙去脉模糊化，无法被追踪。

混币平台分为中心化和去中心化的两种运营模式。关于中心化混币平台的运营模式，平台在接收到犯罪分子的赃款后会先从"洗净"的比特币池中转出一定数额的扣除手续费后的比特币资金，由于该笔资金的数额与接收地址已经改头换面，相关监管机构对其关联的难度也陡然增加。而去中心化混币平台主要是基于 CoinJoin 机制，一种架构于比特币记账模型 UTXO

（Unspent Transaction Outputs）①上的隐私交易协议。基于比特币 UTXO 的设计机制，同笔交易可以有多个输入和输出。CoinJoin 可以利用比特币这种特性构建这样一种交易，让数百个交易发起者（地址）同时向数百个交易接收者（地址）转一定数额的比特币。如此这番，外部人员通过这种输入输出被混淆的交易行为，无法通过这笔交易来证明这几百个地址的控制者之间存在的联系，完美契合了洗钱行为人对模糊他们资金来源的需求。目前，市面上主流的混币平台主要有 Blender. io、ChipMixer、FoxMixer、UltraMixer、SmartMixer、CryptoMixer、Bitcoin Mixer（Tumbler）、Mixer. money 等。

在美国著名的"Silk Road"洗钱案中，美国联邦调查局（FBI）指出，"Silk Road"网站就运用了"tumbler"混合技术进行洗钱，模糊了比特币与其支付账户之间的联系，以致美国监管部门难以对虚拟货币的账户和资金进行溯源。②截至 2013 年 10 月，FBI 共从该网站中收集到 144000 枚比特币，时价近三千万美元。③

---

① UTXO（Unspent Transaction Outputs）是未花费的交易输出，它是比特币交易生成及验证的一个核心概念。交易构成了一组链式结构，所有合法的比特币交易都可以追溯到前向一个或多个交易的输出，这些链条的源头都是"挖矿"奖励，末尾则是当前未花费的交易输出。假设 A 有 8 个比特币，这其实意味着，之前某次交易这 8 比特币转了 A 的地址，这个交易的输出（8 个比特币）未被使用，A 拥有了这 8 个比特币。现在，A 起一个转账交易，这个交易中的输入是让 A 拥有这些比特币的上一个交易。倘若 A 要给 B，A 所需要完成的工作是对 A 拥有的 8 个比特币的上一个交易进行签名，把这一新转账交易的输出地址设为 B 的钱包地址。这样，A 就发起了一个转账支付交易。等"矿工"将这一交易打包进新的区块，转账交易完成，这 8 个比特币就属于 B 了。B 拥有的是 A 这个交易的未使用的交易输出。便于理解，钱包地址相当于房间号和锁，私钥则相当于钥匙，钥匙可以打开对应的锁。因此以上 AB 的转账交易过程是：A 用私钥（从一个输出是 A 的地址的交易中）取出比特币，并用私钥对从 A 的地址转到 B 的地址的新交易进行签名。一旦交易完成，这些比特币就转到 B 的钱包地址中去。B 的钱包中新交易的未使用交易输出，只有 B 的私钥才可以打开。因此对于计算机来说比特币只是区块链账本上的交易输出。并不存在所谓的"比特币"本身，只有未使用的交易输出（UTXO）。每一笔比特币都源自上一个交易，可以一直向上追溯上去。而一直向上追溯，在每一笔比特币的源头，都有一种特殊的交易，即比特币矿工因挖矿获得奖励的创币交易，每一个比特币都是通过挖矿被创造出来的.
② Ulbricht 一案刑事控告状［EB/OL］.［2022-04-12］.
③ 福布斯相关报道［EB/OL］.（2013-10-25）［2022-04-12］.

（4）NFT洗钱

NFT的全称是Non-fungible-token，即非同质化代币，其对应的是FT（同质化代币），即上文所提到的比特币、以太坊等。非同质化代币是指有唯一标识的、不可互换且不可拆分的代币。2022年2月，美国财政部发布《通过艺术品交易开展洗钱和恐怖融资的研究报告》，将NFT定义为底层区块链上的数字单位或代币，代表了图像、视频、音频文件和其他媒介形式的所有权，或物理资产、数字财产的所有权。该报告指出，NFT是编纂独特数字资产所有权的无记名工具（Bearer Instruments），通过智能合约和数字钱包进行管理（包括铸造、持有、转移和销毁等）。①

事实上，NFT并不代表作品或者物件本身，它仅仅是某一个作品的权属表达。NFT更近似于无记名证券，具有无记名证券的核心特征——匿名性，并且持有人之间可以直接转让，这就为洗钱行为的发生提供了相当大的空间。该报告指出，NFT可用于进行自我洗钱：犯罪分子可以用犯罪所得的非法资金购买NFT并与自己进行交易，以在区块链上创建销售记录；而后，NFT将被出售给一名不知情的第三者，犯罪分子将从后者与犯罪无关的干净资金中获利。

同样是在2022年2月，为多国监管和执法部门提供研究服务的区块链分析公司Chainalysis也在报告中指出，NFT市场中的洗售交易（wash trading）值得关注。② 洗售交易是指投资者同时出售和购买相同的金融工具，以在市场中对该产品的价值和流动性造成误导，人为地创造交易的虚假繁荣。图2.3清晰地显示了目前市场上NFT卖家实现的洗售交易的次数，其中的领头者完成了高达830次的相关交易。

2021年3月12日，佳士得拍卖行在其官方社交媒体账号上发布消息，称艺术家比普尔（Beeple）的NFT作品以6930万美元成交，约合4.5亿元人民币。虽然暂未爆出涉洗钱犯罪之虞，但不得不令人提起警惕。在传统的艺术品洗钱犯罪中，洗钱所涉及的金额巨大，需要打通诸多监管环节进而操纵艺术品市场，且周期较长。但在NFT艺术品中则无形地为洗钱行为人扫平了上

---

① 美国财政部.通过艺术品交易开展洗钱和恐怖融资的研究［EB/OL］.［2022-04-12］.
② 参见Chainalysis官方网站.

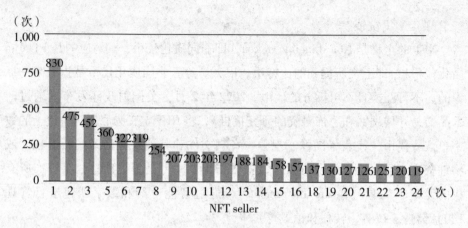

图 2.3　NFT 市场洗售交易

述障碍，当不法分子利用加密货币购买 NFT 时，往往会因为其流通环节的畅通而加快其洗钱的全过程。在虚拟货币的加持下，监管的缺位和不规范虚拟资产拍卖平台的盛行，为 NFT 洗钱提供了广阔的前景和肥沃的土壤。并且海外的 NFT 交易平台并未严格履行 KYC 之要求，许多平台的 KYC 审核流于形式，甚至可以利用编造的信息通过审核，让人不得不警惕 NFT 在将来可能存在的洗钱风险。

（5）DeFi 洗钱

DeFi 全称为 Decentralized Finance，即"分散化金融"或"去中心化金融"。通常是指基于以太坊的数字资产和金融智能合约，协议以及分布式应用程序（DApps）。简单来说，它是建立在区块链上的一种金融软件，但是其也存在投资缺乏透明度、匿名制易使监管缺位等天然的问题。

目前，根据 Chainalysis 发布的《2022 年加密犯罪报告——原始数据和基于加密货币的犯罪研究》（The 2022 Crypto Crime Report Original data and research into cryptocurrency-based crime），DeFi 项目在 2021 年一整年中接收到的非法资金与上一年度相比显著增长，占所有被监测到的非法资金的 17%（价值约 14.6 亿美元），这一数据在 2020 年仅为 2%，同比增长约 1900%（见图 2.4）。[1]

---

[1]　CHAINALYSIS. The 2022 Crypto Crime Report Original data and research into cryptocurrency-based crime［EB/OL］.（2022-02-01）［2022-04-12］.

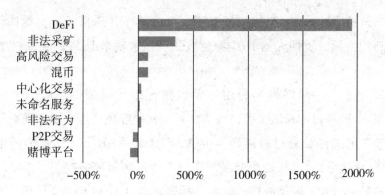

图 2.4 非法资金接收增长（2020—2021 年度）

Chainalysis 同时指出，在虚拟资金盗窃案上 DeFi 大受欢迎，据其调查释明约有一半左右的盗窃资金最后是发送至 DeFi 地址上的，总价值或超过 7.5 亿美元。但是 Chainalysis 也表明，通过 DeFi 平台进行洗钱较之传统洗钱仍处于起步阶段，生态圈相对较小，通过相关平台的客户尽职调查（CDD）可以更好地规制此类犯罪的发生。①

在国际监管方面，2021 年 10 月，FATF 更新了关于《虚拟资产和虚拟资产服务提供商基于风险的方法的更新指南》对 DeFi 进行了新的定义，将某些 DeFi 项目的提供者在特定条件下定义为虚拟资产服务提供商（VASP），在反洗钱义务方面，这些 VASP 应满足传统金融公司的反洗钱标准，履行同样严格义务程度的 KYC 程序。②

一般来说，DeFi 目前是通过跨链来解决质押问题的，假设现在我们想质押比特币（BTC）来换取以太坊（ETH），跨链的名字叫 A 链，A 链上的货币叫 A 币，那么我们需要进行以下步骤：首先，先将我们要抵押的 BTC 锁定在 A 链的某一地址，以生成一个代表这个 BTC 通证的 A-BTC；其次，在 A 链上使用智能合约抵押这个 A-BTC，生成对应的 A 币；再次，使用 A 币购买其他 A-ETH；最后，将 A-ETH 放出，转化为 ETH。此时，我们就成功将持有的比

---

① Chainalysis. The 2022 Crypto Crime Report Original data and research into cryptocurrency-based crime ［R/OL］. （2022-02）［2022-04-12］.

② FATF VIRTUAL ASSETS AND VIRTUAL ASSET SERVICE PROVIDERS ［R/OL］. （2021-10）［2022-04-12］.

特币通过跨链质押的方式转换成了 ETH，全过程将由 DeFi 智能合约执行，如果出现违约情形，质押人的 BTC 将会被罚没。这就是 DeFi 跨链质押的基本原理。

2022 年 4 月，网络黑客利用一个智能合约代码漏洞，从一个叫 Axie Infinity 的 DeFi 项目中窃取了价值约 700 万美元的虚拟货币。黑客随后先是将这些资金中的大部分通过跨链转换为 X-ETH 和 X-BTC（任意跨链生成的 BTC 或 ETH 代币），再利用两个或两个以上专门进行跨链交易的 DeFi 项目，将资金跳转到以太坊区块链打包转换，换取新的 BTC 和 ETH。最后，本案中的黑客把这些资金发送到了一个叫 Tornado Cashde 的专用于洗钱的混合器，实现了黑钱洗白的过程。①

DeFi 洗钱的流程看似步骤并不多，但执行起来却相当复杂，频繁的跨链和资金跳转使得反洗钱工作更加艰难。且由于 DeFi 项目通常没有严格的 KYC 要求，且其仅促使虚拟资产流通而不直接控制用户资金，DeFi 在识别和冻结非法资金方面存在重大缺陷，这也是为什么 DeFi 项目日益沦为洗钱工具的原因。

（6）其他虚拟货币洗钱

除以上数种虚拟货币洗钱途径之外，在数字化的世界里，还存在例如 Mimblewimble——允许虚拟货币持有者在区块链上删除本人过往交易记录的平台；俄罗斯暗网（Darknet）Hydra——"消费者"可以使用虚拟货币购买预付礼品卡、预付 visa 匿名储蓄卡的提现平台；比特币 ATM——允许使用者使用现金购买比特币等加密货币的物理设备等不胜枚举的技术手段，并以此最大限度地绕离监管，达到其洗钱的最终目的。

（三）离岸金融洗钱

离岸金融市场一般是指为非居民提供国际性的借贷、结算、投资工具等金融服务，相对独立于交易货币发行国金融法规管制，并享受业务发生国提供的较大税收优惠的金融市场。② 基于离岸与在岸的关系而言，可以粗浅地将

---

① 彭博社 . Hacker Moves Crypto Stolen From Ronin Breach to Help Cover Its Tracks ［EB/OL］. （2022-04-05）［2022-04-13］.

② 魏海瑞 . 全球离岸金融市场的演变规律 ［J］. 中国金融，2020（10）.

国际上的离岸金融市场分为以下四类：一是内外一体型，离岸金融业务与国内金融业务不分离，国际资本可高度自由化流动，市场交易主体为离岸机构、非居民、居民，金融机构在进入离岸市场时可不必向所在地金融管理当局申请批准，管理较为宽松，且市场拥有完善的金融基础设施，为世界范围的客户提供一站式的离岸金融服务，此类离岸金融市场往往成为国际金融中心，如伦敦、香港等；二是内外分离型，离岸账户和在岸账户实施分账管理，离岸交易和在岸交易分开进行，且严格禁止相互间资金流动，市场交易主体为离岸机构与非居民主体，居民参与离岸金融业务受限，金融机构进入离岸市场须向金融管理当局申请获批，如美国、日本等；三是分离渗透型，离岸账户与在岸账户分立，但允许离在岸账户间有一定程度的渗透，居民也可以参与离岸金融业务，或开辟专门的资金进出通道，如新加坡、泰国等；四是避税港型，这一类离岸金融市场并无实际的离岸资金交易，只是办理其他市场交易的记账业务，作为"记账中心"，因此适合规模极小的国家和地区，其特点是政局稳定、税赋低、无金融管制，可使非居民达到规避监管和减免税收的目的，典型代表有巴哈马群岛、英属维尔京群岛、开曼群岛等。①

简而言之，离岸金融如今炙手可热的最主要原因就是其具有非居民、轻监管、低税收三大特征。但也恰恰是以上特征不可避免地导致了离岸金融市场滑向了相关金融犯罪的深渊，成为滋养税务犯罪、容留洗钱行为的温床。并且，出于国际金融一体化程度的不断深化，洗钱行为人出于其趋利避害的本能也会更倾向于寻求监管宽松、政策利好的司法区以达成其不法目的。利用离岸金融市场、离岸公司、离岸信托跨境洗钱的具体步骤如下：

在放置（Placement）阶段，洗钱行为人通常通过银行或者金融机构完成其不法资金的跨境转移。除此之外，通过伪造海关文件与境外公司开展贸易、操控证券、滥用国际航空公司的支付系统、现金与可兑付票据的跨境运输等也是实践中常见的离岸金融洗钱资金放置渠道。一旦违法所得成功流入目标离岸金融市场后，洗钱行为人极有可能继续通过多种金融工具，如完成合法交易、于不同银行账户之间周转等进一步模糊其资金的来源。在此阶段，离

① 孙天琦，刘宏玉，刘旭，等.离岸金融研究［J］.上海金融，2018（11）.

岸金融中心的银行系统也在其中扮演了极重要的角色，鉴于其不公开客户资料信息与相关保密制度的规定，不法分子便可以更加肆无忌惮地进行洗钱。

在培植（Layering）阶段，电汇与电子资金转账则是不法分子使用的首要手段，洗钱行为人通过设立大量的"空壳公司"完成复杂化的交易，从而掩饰不法资金的来源。根据 FATF 之定义，空壳公司是指在其注册办事处所在国不从事任何商业、制造业务或任何其他形式的商业运作的公司或组织。① 在此阶段，一些不法分子还通过代持股的方式设立"幌子公司"（Front Company）② 来完成资金来源模糊化的过程。"幌子公司"除了可以完成上述国际贸易之外，还可以从事更多的合法业务，尤其是免于货币交易报告（Currency Transaction Reports，CTR）的相关业务，如餐饮业、酒行等现金流丰富的行业。除此之外，"幌子公司"也可以开展进出口业务——"阴阳报关发票"、高价进出口等，从而使不法分子更加从容与彻底地完成对待洗资金的培植。

在离岸金融市场洗钱的融合（Integration）阶段，最核心的环节则被称为"镜像交易"（Mirror-image Trading），即通过同一实际控制人以"左手倒右手"的方式完成同一合同项下的某比交易，最终非法收益将以合法交易利润的形式出现。

此外，在离岸信托业方面，由于离岸信托业主要服务于全球高净值人群，并且通常由私人银行的专业私人顾问为其提供服务，复杂的信托架构和私行顾问保密义务的天然属性使得此类信托业也更容易沦为洗钱活动的高发地。

2014 年，铁道部运输局原局长张曙光被查明与其女儿在维京群岛成立一家名为 East Asia Group Trading 的离岸公司，两人都担任该公司股东。根据中央纪委国家监委官方网站显示，"百名红通人员"当中，仍在逃的四川移动公司数据部原总经理、无线音乐运营中心原总经理李向东就是通过在香港开设离岸账户大肆洗钱，并逃往加拿大。③ 不少贪腐及外逃人员都对离岸金融中心

① FATF. Concealment of Beneficial Ownership［R/OL］.［2022-04-12］.
② 幌子公司是由另一个公司组织建立并控制的任何实体，如情报机构、有组织犯罪集团、恐怖组织、宗教或政治团体或任意公司及个人。幌子公司可以独立于其实际控制人而单独从事民商事交易，从而使其实际控制人能够逃避监管.
③ 中央纪委国家监委网站. 切断腐败资产外流渠道［EB/OL］.（2021-02-08）［2022-04-12］.

"兴致盎然"，腐败分子利用在离岸金融中心设立账号或"空壳公司"将非法资产转移至境外，同时通过投资移民方式获得外国护照或永久身份，给反腐败和追逃追赃工作制造各种障碍。因此，对于愈演愈烈的离岸金融跨境洗钱，及时有效地监管与打击已经刻不容缓。

不过，离岸金融市场的监管逐渐有收紧之趋势。2012 年，沃尔夫斯堡集团（Wolfsberg Group）就发布了关于私人银行业反洗钱的相关指引，旨在减轻全球范围内的私人银行卷入洗钱犯罪的相关风险。① 2014 年 5 月 6 日，瑞士签署了《税务事项信息自动交换宣言》，承诺提交与税务相关的外国客户的账户信息。2018 年 10 月 5 日，瑞士伯尔尼联邦税务局（FTA）宣布，将自动向其他国家交出外国人账户的详细资料，其中也包括中国。② 开曼群岛也于 2019 年修改了当地的公司法，对企业的信息公开提出了更高的要求，以此来打击在其境内滋生的洗钱犯罪与恐怖主义融资犯罪。③ 同时，我国香港地区也于 2018 年加入了由经济合作与发展组织（OECD）制订的共同申报准则（Common Reporting Standard，CRS），加大了对离岸金融的银行业的监管与规制。④

第二节　洗钱活动的特征与发展趋势

如前所述，经济金融的全球化与网络科技的飞速发展促使洗钱活动的行为模式由传统的物理、人工模式向新型的网络、数字模式衍化，新旧交替之际的洗钱活动呈现出了以下几个特征与发展趋势。

---

① 沃尔夫斯堡集团 . Wolfsberg Anti-Money Laundering Principles for Private Banking（2012）［EB/OL］.［2022-04-13］.

② 瑞士联邦税务局 . First exchange of information on around 2 million financial accounts［EB/OL］.［2022-04-13］.

③ 开曼群岛《公司法》（2021 年修订）［A/OL］.［2022-04-13］.

④ 经济合作与发展组织官网［EB/OL］.［2022-04-13］.

一、传统与新型模式并存

如前所述，当前传统洗钱模式依旧常见，而新型的网络化、数字化模式方兴未艾，上升与发展势头猛烈，两者并存使得洗钱犯罪的现状不容乐观。一方面，犯罪分子利用现金管理、外汇管理、贸易投资、移民投资管理上的漏洞，以及国内反洗钱监管在博彩业、地下钱庄领域的薄弱，通过传统的现金转移和走私、贸易投资等方式洗白非法资金；另一方面，在高新科技的加持下，又通过网络支付平台此类新型支付结算方式、虚拟货币等新型金融工具以及离岸金融市场实施洗钱，很大程度上逃避了国内的反洗钱监管。

二、空间上跨境性突出

随着经济、金融全球化发展的不断深入，资金的跨境流动也愈发便利和频繁，不少洗钱犯罪分子利用各国在跨境反洗钱监管与追诉上的漏洞与障碍，热衷于将非法资金在境内外移转洗白。无论传统还是新型模式中，跨境洗钱都占据了主要地位。传统洗钱模式中的通过走私、对外贸易与投资、移民投资洗钱，都成了越来越常见的洗钱方式。而新型洗钱模式由于网络科技加持，大多数都具有天然的跨境性特征。

并且，我国一些洗钱组织已经被他国密切关注。2022 年 2 月，美国财政部发布的《国家洗钱风险评估》报告特别关注了"中国洗钱组织"。[1] "中国洗钱组织"利用"地下钱庄"或者"黑市外汇交易"促进外币交易。这些方法依赖于货币供求的基本原理，使持有美元的个人（供方）与市场上需求美元的个人进行匹配，从而规避我国的资本外逃限制。在一些案例中，洗钱组织还利用传统的交易进行洗钱（trade-based money laundering, TBML），其独特之处在于能够以更低的费用提供服务，规避中国的货币管制以及有效地使用通信技术。这些组织通常以合法的商业活动作为掩护以降低监管风险。[2] 在

---

[1] Department of the Treasury. National Money Laundering Risk Assessment [R/OL]. February 2022：22.

[2] Department of the Treasury. National Money Laundering Risk Assessment [R/OL]. February 2022：23.

一个涉中、美、墨三国跨境洗钱的案例中，一位中国商人曾长期为美洲的毒品集团提供洗钱服务，利用网上银行业务将在美国境内获得的赌资转移至中国后，再同国内公民或企业合作，通过虚假贸易形式将资金汇入墨西哥毒贩手中，最终被美国法院判处 14 年有期徒刑。①

三、网络化、数字化趋势明显

随着网络科技的发展，近年来金融市场及在其中新兴的金融工具呈现出网络化、数字化特征，新型的跨境洗钱方式均与网络、数字化科技密不可分。比如，当前日常生活中常用的电商平台、第三方与第四方支付平台都成为洗钱分子热衷的洗钱工具。在反洗钱网络监管手段尚未成熟的情况下，这些网络平台的风险交易很难被及时、有效识别，因此为不法分子留下了违法犯罪的空间。又如，最具代表性的虚拟货币，在方便、简化交易与投资的同时，也带来了巨大的跨境洗钱风险。虚拟货币交易借助信息网络与区块链技术，大多采用公私钥配对的匿名方式，交易信息仅包含钱包地址、交易数量和数额，是一种便捷程度非常高的跨境支付结算方式。

四、匿名性、隐蔽性极强

针对传统洗钱模式的溯源，还存在很大的实现可能性，反洗钱监管部门及犯罪侦查部门可以通过实体金融账户追诉到犯罪分子与非法资金。但在互联网加持的新型洗钱模式下，尤其是利用虚拟货币洗钱，溯源难度因此交易极强的匿名性与隐蔽性而大幅增加，现有的监管与侦查技术手段应对十分乏力。

一方面，虚拟货币交易大多采用公私钥配对的匿名方式，交易信息仅包含钱包地址、交易数量和数额，虽然交易活动能在账户上记录下来，且可以经账户比对来确认，但交易双方的账户身份与交易者的真实身份无法形成一对一匹配。以比特币为例，由于生成的钱包地址无须实名认证，钱包地址与

---

① U. S. Attorney's Office. Chinese National Sentenced to 14 Years in Prison for Laundering Drug Proceeds on Behalf of Traffickers in Mexico ［EB/OL］. (2021-04-27)［2022-05-16].

交易者的真实身份脱钩以及同一交易者的不同账户之间无直接关联，使得比特币交易的匿名性、隐蔽性明显。尤其在虚拟币交易平台无实名注册的情况下，交易者在交易中甚至可以保持完全匿名。再如，跑分平台与混币平台的虚拟货币交易中，要么通过复杂、多次的资金转移与混同，要么切断输入资金与输出资金之间的联系，来隐匿资金来源、逃避监管。

另一方面，网络平台之间存在的信息壁垒，也增加了识别洗钱风险的难度。行为人利用网络社交平台沟通，借助网络支付平台转账，凭借虚拟币交易平台转移虚拟币，在司法实践中是常态。例如，行为人为了清洗非法资金，会分别在不同平台进行不法信息沟通、非法资金转账、比特币转移。由于网络平台之间的数据共享机制并未建立，其信息壁垒普遍存在，因而要想完整地识别洗钱风险，无论从哪一方网络平台切入去关联不法信息沟通、非法资金转账和虚拟币交易之间信息的对应关系都有难度。①

五、辐射性、危害性增强

复杂多变的洗钱模式衍生了多条犯罪产业链，涉案人员多，影响范围广。比如数字、虚拟货币的跑分平台，为维持犯罪生态，在发展大量"跑分客"、数字货币兑换商、代理商、"黑卡"交易商的同时，衍生了一大批帮助信息网络犯罪活动、妨碍信用卡管理、非法经营等犯罪行为，也助长了跨境赌博及电信网络新型犯罪等上游黑灰产业的犯罪气焰。在跑分客端，因为入门门槛低、返佣金额大等诱惑，以及平台较为完善的代理发展制度，跑分客辐射速度快，基础体量大，涉及犯罪的人员多达数万人；在平台端，因为技术难度低、源码泛滥，搭建一个简单的跑分平台难度不大，网上也充斥着销售跑分平台代码的广告，"跑分平台"辐射速度也很快。

先进多样的洗钱模式给国内的银行监管、外汇管理以及执法与司法管理秩序带来了极大的挑战。一是数字化交易形成隐蔽闭环，使得国家银行体系对交易资金的监管链失效；二是以虚拟货币的形式进行外币兑换、流转的业务，实质性影响了外汇兑换的平衡性，挑战了人民币作为国家信用货币的权

---

① 汪恭政，刘仁文．以全链条思维治理虚拟币洗钱［EB/OL］．［2022-04-13］.

威性和兑换外汇法币的唯一性；三是通过网络支付结算、虚拟货币交易、离岸金融交易等多重手段掩饰、隐瞒资金的来源与性质，逃避监管能力极强，妨碍了资金监测、追赃等执法和司法工作的正常进行。

第三章

我国反洗钱制度体系的面临的挑战

总体而言，目前我国的反洗钱立法发展尚不充分，缺乏一个全方位、多层次的立法体系去统筹反洗钱工作的开展。下面将从我国的反洗钱立法与实践现状出发，全面审视我国的反洗钱制度体系，反思现有规则的局限性，总结归纳反洗钱刑事立法、行政立法的不足与缺陷，以及国际合作、跨境监管的难点与障碍。

第一节　反洗钱刑事立法之缺陷

一、洗钱犯罪的罪名体系混乱

我国现行《刑法典》中，洗钱犯罪与赃物犯罪立法体系由第 312 条"掩饰、隐瞒犯罪所得、犯罪所得收益罪"（兜底条款）与第 191 条"洗钱罪"（一般条款）、第 349 条"窝藏、转移、隐瞒毒品、毒赃罪"（特别条款）构成。有学者将其形象地称为"三足鼎立的洗钱犯罪刑事立法体系"，但由于立法技术、罪名理解偏差等原因造成了立法体系的乱象丛生，在罪名逻辑关系、犯罪分类以及量刑上均存在诸多问题。① 进而导致了司法实践中洗钱罪适用率极低，罪刑不均衡的严重现象。

第一，罪名逻辑关系混乱，致使司法适用出现乱象。三个罪名本质上都

---

① 李云飞. 我国广义洗钱罪概念下的体系混乱及成因分析［J］. 政治与法律，2014（8）.

是掩饰、隐瞒犯罪所得及其收益的行为，只不过规制的犯罪圈有大有小，存在包含、交叉关系。由于第 312 条"掩饰、隐瞒犯罪所得、犯罪所得收益罪"确立的犯罪圈最大，可以囊括其他两种犯罪，具有规制赃物与赃款的双重性质，因此也是此罪名体系中的兜底条款；而第 191 条"洗钱罪"在犯罪构成要件上加以限制，成为规制洗钱行为的一般条款；第 349 条"窝藏、转移、隐瞒毒品、毒赃罪"仅规制毒品犯罪，是特殊条款。其中，洗钱罪作为一个赃款罪名，与掩饰、隐瞒犯罪所得、犯罪所得收益罪中的赃款部分最大的区别就在于上游犯罪的范围限制，倘若后续立法将上游犯罪圈扩大至所有犯罪，甚至包括违法行为时，第 191 条将囊括所有的赃款洗白行为，那么赃款洗白的规制上第 312 条将毫无用处。并且，第 349 条同时将毒品与毒赃作为犯罪对象，而第 191 条中上游犯罪又包含毒品犯罪，实务中毒赃洗白行为的认定也会出现争议。

第二，犯罪分类不合理，使得法益保护目的不明晰。当前体例安排将第 191 条归入《刑法典》第三章"破坏社会主义市场经济罪"中，属于金融犯罪，而第 312 条与第 349 条分属于第六章"妨害社会管理秩序罪"中的妨害司法罪与毒品犯罪，这使得本应同源的三个罪名被强制割裂。可以看出，第 191 条与第 312 条均是按照复杂客体中的主要客体分类，洗钱罪的主要客体是金融秩序，掩饰、隐瞒犯罪所得、犯罪所得收益罪的主要客体是司法秩序。然而，第 349 条却是按照犯罪对象归类，显然与我国刑法体系整体的同类客体分类标准不相符合。

第三，《刑法》第 312 条将赃物犯罪和洗钱犯罪混同规定，不仅有违刑法基本原理，而且使本已混乱的罪名体系更加无序。罪名体系的混乱给司法实践带来了诸多困惑。首先是导致洗钱罪适用率极低。中国人民银行近年来《中国反洗钱报告》中的数据反映，洗钱罪在广义窝赃罪中呈现出低批捕率、低起诉率与低宣判率的特征。例如，2018 年，全国批准逮捕涉嫌"洗钱罪"的案件 53 件 75 人，提起公诉 40 件 64 人；批捕涉嫌"掩饰、隐瞒犯罪所得、犯罪所得收益罪"的案件 3789 件 7714 人，提起公诉 5073 件 14807 人；2019 年，全国批准逮捕涉嫌"洗钱罪"的案件 73 起 106 人，提起公诉 90 起 150 人；批准逮捕涉嫌"掩饰、隐瞒犯罪所得、犯罪所得收益罪"的案件 4971 起

10183 人，提起公诉 5647 起 16537 人。① 可以看出，掩饰、隐瞒犯罪所得、犯罪所得收益罪的批捕量与起诉量竟是其他两个罪名的近百倍。并且，2019 年 4 月 FATF 公布的《中国反洗钱与反恐怖融资互评估报告》中也认为我国对洗钱犯罪风险的监测不到位，洗钱罪适用率过低。因为立法缺陷，洗钱罪在司法实践中变成了一种被束之高阁、适用率极低的"睡美人"，许多原本属于洗钱性质的犯罪行为，如地下钱庄洗钱多以非法经营罪定罪处罚，赌资洗白行为定性为掩饰、隐瞒犯罪所得罪等，这些现象显然同最初的规制目的不相符合。其次是导致第 191 条和第 312 条之间的量刑不均衡。第 191 条"洗钱罪"作为一般条款设置了五年以下、五年以上十年以下两档法定刑，而第 349 条"窝藏、转移、隐瞒毒品、毒赃罪"作为特殊条款最低刑仅为三年，根本无法体现和达到重点打击特殊罪名的立法目的。

二、犯罪构成要件的设定不科学

（一）洗钱罪上游犯罪范围过窄

根据《刑法》第 191 条的规定，洗钱罪的上游犯罪仅包括"毒品犯罪、黑社会性质的组织犯罪、恐怖活动犯罪、走私犯罪、贪污贿赂犯罪、破坏金融管理秩序犯罪、金融诈骗犯罪"七类特殊犯罪，且《刑法修正案（十一）》中第 14 条依旧未做出任何修改，这使得许多严重的违法犯罪所得及其收益不能作为洗钱罪的对象，对反洗钱工作的开展造成了根本性的阻断。

作为一种特殊的窝赃犯罪，洗钱罪属于《刑法》第 312 条"掩饰、隐瞒犯罪所得、犯罪所得收益罪"的特殊条款，但与传统窝赃罪不同的是，我国洗钱罪严格限制了其上游犯罪的范畴，因此相对来说其犯罪圈较小、规制力较弱。自洗钱罪设立以来，上游犯罪的法定范畴共经历了三次修改：第一次，1997 年《刑法》第 191 条仅将洗钱罪的上游犯罪限定在"毒品犯罪、黑社会性质的组织犯罪、走私犯罪"三类犯罪中；第二次，2001 年《刑法修正案（三）》增加了"恐怖活动犯罪"，扩大到四类犯罪；第三次，2006 年《刑法修正案（六）》增加了"贪污贿赂犯罪、破坏金融管理秩序犯罪、金融诈骗

---

① 中国人民银行. 中国反洗钱报告 [R/OL]. [2021-10-02].

犯罪"，扩大到七类犯罪并沿用至今。虽然刑事立法始终保持扩张态度，但无论从我国反洗钱的实践惩治效果，还是国际反洗钱合作需求来看，均与理想状态相差甚远。

据中国人民银行《2019 年中国反洗钱报告》显示：2019 年，全国人民法院依法一审审结洗钱案件 5734 起，其中以"洗钱罪"审结案件仅有 77 起。实践中洗钱案件最终以洗钱罪定罪处罚的案件还不到总数的 2%，最重要的原因之一就是洗钱罪的上游犯罪范围过窄。对于侦查机关来说，明确涉案资金属于七类特殊犯罪所得及其收益并肯定行为人主观上明知资金的来源是一项极其困难甚至有些耗费司法资源的"额外"任务；若没有明显证据能够证实，这一证明过程很容易被略过，进而直接将绝大多数洗钱案件定性为传统窝赃罪。并且，从现有的裁判文书来看，实务中许多涉赌资金的洗白行为，包括通过参与赌博赢得的资金与开设赌场获取的利益，以及普通电信诈骗所得的洗白行为，均被归于传统窝赃罪或非法经营罪范畴。

从国际公约来看，《联合国反腐败公约》与《联合国打击跨国有组织犯罪公约》中均提到，洗钱罪之上游犯罪至少应包含该公约规定的腐败犯罪与严重的有组织犯罪及相关的腐败、妨害司法犯罪，并倡导各缔约国尽量规定最为广泛的上游犯罪，[①] 我国作为上述两个公约的缔约国之一，理应遵守硬性条款并积极响应其他软性条款。而其他国家及地区的法律规定也不断将洗钱罪的上游犯罪进行扩充，英国早在《2002 年犯罪收益法案》中的上游犯罪就覆盖了所有犯罪行为，德国 2021 年修法后改为所有刑事犯罪（包括轻微犯罪），西班牙《刑法典》第 301 条洗钱罪的上游犯罪包括了所有的严重犯罪，而新加坡《腐败、贩毒和其他严重犯罪（利益没收）法》中设置了毒品交易犯罪与严重犯罪两大类上游犯罪。还有我国的港澳台地区，香港为"可公诉罪

---

① 《联合国反腐败公约》第 23 条第 2 款规定："各缔约国应当寻求将本条第一款适用于范围最为广泛的上游犯罪；各缔约国均应当至少将其根据本公约确立的各类犯罪列为上游犯罪。"《联合国打击跨国有组织犯罪公约》第 6 条第 2 款规定："各缔约国均应寻求将本条第一款适用于范围最为广泛的上游犯罪；各缔约国均应将本公约第二条所界定的所有严重犯罪和根据本公约第五条、第八条和第二十三条确立的犯罪列为上游犯罪。缔约国立法中如果明确列出上游犯罪清单，则至少应在这类清单中列出与有组织犯罪集团有关的范围广泛的各种犯罪。"

行",澳门则覆盖了"可处以最高限度超过三年有期徒刑的符合罪状的不法事实",台湾地区则从六个月以上刑罚以及较为宽泛的特定犯罪行为两方面来进行划定。

2021年6月1日,中国人民银行发布《中华人民共和国反洗钱法(修订草案公开征求意见稿)》中第2条已经将"反洗钱"定义中上游犯罪的范畴从《刑法》第191条的七类特殊犯罪扩张至所有犯罪,向我们预示了今后的立法动向与选择,只要是掩饰、隐瞒犯罪所得及其收益的来源和性质的行为,均属于受《反洗钱法》规制的洗钱活动。

(二)洗钱罪的犯罪客体存在争议

犯罪客体决定着一个罪名的规制范畴,也是立法设置客观犯罪行为类型的基础。根据当前学界通说,洗钱罪的犯罪客体不仅包括金融管理秩序,还包括司法秩序。[①] 一方面,将来源于犯罪行为的资金洗白使其流入市场,会扰乱国家的金融管理秩序,冲击国家的反洗钱监管制度;另一方面,洗钱本质上是一种主动逃避法律追究的行为,通过将上游犯罪涉及资金洗白,来避免司法机关对上游犯罪的追究,给侦查工作带来了巨大障碍。来自两个不同维度的违法性赋予了洗钱行为更为丰富的内涵,也使得立法对行为的界定更加困难。

首先,洗钱罪侵犯的首要客体是我国的金融管理制度下的反洗钱与反恐怖融资管理制度。作为一种行政立法制度,其发源于银行业,因此,当前反洗钱立法多聚焦于银行业反洗钱与反恐怖融资,证券、保险、信托等其他类型的金融机构以及特定非金融机构的反洗钱监管制度尚不成熟。此种情况对洗钱行为的定义造成的后果,在立法上表现为洗钱行为类型偏向于通过金融机构实施,使得其他犯罪行为类型出现缺失与疏漏。其次,洗钱罪侵犯的次要客体是我国司法活动的正常进行,这也是洗钱行为具有"窝赃"本质的重要体现。这一客体与《刑法》第312条"掩饰、隐瞒犯罪所得、犯罪所得收益罪"高度重合,故而也引发了两罪之间的竞合问题,使得不符合上游犯罪硬性条件的洗钱行为几乎均归入传统窝赃罪名中,罪名的特殊预防价值被削

---

① 卢建平.洗钱犯罪的比较研究[J].浙江社会科学,1998 (5).

弱。需要意识到的是，行为人通过各种非法手段掩饰、隐瞒资金的来源与性质，给上游犯罪的追逃追赃工作带来了极大的阻碍。进一步明确洗钱行为定义的价值，不仅在于洗钱罪本身的司法认定与适用，也能够反向震慑上游犯罪分子，疏通和保证司法机关的正常活动。

（三）洗钱罪的客观行为方式存在缺陷

一是"列举式+兜底式"的立法模式也许会避免挂一漏万的情况，但并不具有很强的可操作性，司法实践中经常会面临难以把握兜底性条款处罚范围的情况。二是各行为类型之间不可避免地存在重合部分。例如，甲提供自己在开曼群岛的账户，使得乙将受贿所得转移至境外，就同时属于第一项"提供资金账户的"和第四项"跨境转移资产的"；再如，丙利用自己作为公司法定代表人之便，与丁签订虚假买卖合同，协助将其走私所得转换为可随时承兑的金融票据，则同时符合第二项"将财产转换为现金、金融票据、有价证券的"和第三项"通过转账或其他支付结算方式转移资金的"之规定。如此，立法的概括性与严谨性将受到质疑。

可以形象地说，每当一种金融服务和产品出现，在为我们的生活带来便利的同时，也一定会被天生嗅觉敏锐的洗钱分子所利用。有鉴于此，我们必须有针对性地在刑事立法上予以跟进和调整，不能再僵化在本身错漏且时过境迁的洗钱行为方式上。①

（四）洗钱罪的主观方面认定标准不明

以《刑法修正案（十一）》为分界点，洗钱罪的主观认定规则发生了较大变化：删除了"明知"二字后，上游犯罪人被纳入了洗钱罪的犯罪主体之中。而对于他人协助洗钱的行为，是否还要求明知资金来源于法定的上游犯罪则留有疑问。

首先，对于自洗钱入罪，理论界一致认为，这是此次修法最重大的意义与价值所在。对于上游犯罪分子，无须证明主观方面，只要其实施了掩饰、隐瞒上游犯罪所得及其收益的行为，则构成洗钱罪。其次，对于协助洗钱的他人，有学者认为，基于自洗钱与他洗钱性质与方式的不同，加之联合国公

---

① 王新．我国洗钱罪的刑事立法完善问题［N/OL］．金融时报，［2021-08-09］.

约对于他洗钱"明知"的主观要求，认定他洗钱依旧需要符合"明知"的主观方面要求。① 但存在另一种解释路径，即条文中"为掩饰、隐瞒毒品犯罪等的所得及其产生的收益的来源和性质"的表述属于纯客观方面的要求，只要行为人洗钱的对象属于这一范畴，无论其主观上是否明知，符合其他构成要件时就构成洗钱罪。不得不承认，后一种解释路径的确在很大程度上缓解了司法实践中"明知"认定难的困境，但究竟能否按此判定，还需进一步论证。最后，必须注意的是，"分则明知不是总则明知即故意的前置条件"②，删除"明知"并未改变洗钱罪属于故意犯罪的性质，只是降低了故意认识对象的证明标准。

三、法定刑的配置不合理

从我国《刑法》第 191 条和《刑法修正案（三）》第 7 条的规定可以看出，我国洗钱罪的犯罪主体处罚的最高期限是 10 年，罚金的最高额度为 5%～20%。我国自古以来大体属于"重刑化"的国家，但在洗钱罪的惩罚力度上比其他国家都要"轻刑化"，虽然法定刑随着时代的发展有所提高，但仍然相对偏低，主要体现在这三方面。

一是对自然人法定刑偏低。洗钱罪的犯罪手段日益复杂，涉案金额也越来越多，那意味着社会危害性越来越严重，并且许多犯罪分子都是金融机构及其工作人员，而我国对犯罪最分子的法定最高刑只有 10 年期限，相较于美国对洗钱犯罪分子最高刑 20 年和英国 14 年的监禁刑，明显我国法定刑过低，达不到震慑、惩戒犯罪分子的作用，且也削减了刑法的威信力。再者，我国罚金数额为洗钱数额的 5%～20%，这个数额与那些动辄就上千万的洗钱犯罪数额而言简直是"九牛一毛"，况且我国打击洗钱罪的犯罪成本高，罚款的数额不足以弥补打击成本，使打击洗钱调查难以深入持久地开展下去。

二是对单位的处罚适用"双罚制"，对单位判处罚金，对直接主管人员处五年以下有期徒刑或者拘役，我国对单位之所以适用"双罚制"，是因为单位洗钱犯罪数量持续上升，为稳定市场安全，惩罚违法行为，增加打击力度，

---

① 刘艳红. 洗钱罪删除"明知"要件后的理解与适用 [J]. 当代法学，2021 (4).
② 刘艳红. 洗钱罪删除"明知"要件后的理解与适用 [J]. 当代法学，2021 (4).

《刑法》规定对单位适用"双罚制",但对于"双罚制"中罚金的具体量化标准并没有明确规定,给法官过多的自由裁量权利。再者,由于洗钱罪本身具备的隐蔽性,许多犯罪分子在工商登记局登记一个"空壳公司",表面上是经营其他业务,实则是进行洗钱工作,如果只处罚金,并不能严厉打击单位洗钱犯罪,所以除了"双罚制",我们应增加"资格刑",直接连根拔起,剥夺其经营资格。

三是"情节严重"概念模糊。我国《刑法》第 191 条规定了两个量刑档次:"基本刑"和"加重刑",但对于"情节严重"如何认定,什么样的情况属于"一般情节",什么情况属于"情节严重",我国《刑法》并没有给出认定标准,而认定的标准直接影响到犯罪分子承担刑事责任的大小。我国之所以使用此类模糊术语,其实是有因可循的。一方面是因为时代在不断发展,任何事物都处在量变到质变的过程中,犯罪行为人、犯罪手段、犯罪方法、犯罪结果、犯罪危害性也在发展变化中,因此,使用"情节严重"等法律模糊术语可以增加司法的灵活性,适应不断变化的形势。另一方面是法官自由裁量权的需要,让司法工作人员根据客观情况做出相应调整,体现公平公正的司法理念。虽然我们能理解立法者的"用心良苦",但给予过多的空间和自由裁量会影响法律的稳定性和确定性,"情节严重"这一概念本就模糊、抽象,司法机关及其工作人员在实践中也会存在认识上的偏差,判案自然也难以操作。再者,法律之所以被大家遵守,一方面原因是其能保护广大全众的利益,另一方面在于其稳定性,给人以安全踏实之感,如果法律可以被任意解释,那还会有人遵守法律吗?所以我国司法机关应对于"情节严重"这一概念做出配套的司法解释,指明方向。

第二节 反洗钱行政立法之不足

当前我国的反洗钱行政立法中,现有监管体系欠缺较多,在监管理念、制度内容、协调机制等方面有待优化提高。并且,以反洗钱义务为中心的预防立法呈现出"重金融机构,轻非金融机构"的明显倾向,金融机构的相关制度不够完善，非金融机构甚至处于真空地带。

一、反洗钱监管立法之不足

我国反洗钱监管工作起步较晚，监管机构设置、监管制度与措施等尚存在不完善之处。我国的预防和监管机制主要是建立在现有的制度及组织结构之上，并且迫于国内形势以及国际压力，相关法律法规制定与颁行的过程较为仓促，从而留下了部分历史遗留问题。同时，由于反洗钱监管职责划分不明，各领域的反洗钱行业规范在制定以及贯彻的过程中均存在一定障碍，因此预防与监管机制也难以有效落实。加之近年来金融领域各种新事物的不断涌现，特别是互联网金融的迅猛扩张，使得洗钱犯罪更具有欺骗性和隐蔽性，给反洗钱监管工作机制带来了更多阻力。

（一）相关职能部门合作意识有待进一步加强

反洗钱工作有赖于预防与打击双管齐下，这意味着监管部门与其他执法部门应当形成合力，有效衔接。按照《反洗钱法》和国务院的相关规定，我国反洗钱行政主管部门为中国人民银行，其他依法负有反洗钱监督管理职责的部门、机构予以协调配合，确立了"一个部门主管、多个部门参与和协调配合"的反洗钱监管体制。

发现可疑交易线索，开展反洗钱调查，从源头上打击洗钱犯罪活动是人民银行反洗钱工作的主要职责。同时，作为金融机构的反洗钱监管单位，其也具备获取一手交易线索的天然优势。然而，人民银行受行政调查权限和手段的限制，反洗钱调查仅限于金融机构，对洗钱线索的定性存在非常大的技术障碍，无法对可疑交易线索所涉及的单位和个人开展线索调查等准司法权的活动。这时通过工商、税务、海关等其他反洗钱联席会议成员单位配合进行线索协查就尤为重要。除了与公安机关的反洗钱情报会商机制和案件报送机制外，人民银行与其他政府部门在涉嫌洗钱案件线索调查方面的协作和协调只能通过反洗钱联席会议机制进行。然而，人民银行只有牵头召开反洗钱联席会议的职权，反洗钱联席会议机制又缺乏强有力的统一协调机制和监管约束机制。在全体成员单位尚没有达成共识、齐驱并进的情况下，很难形成有效的合作机制。这使得人民银行的反洗钱调查难以得到各方强有力的协助，产生了"瓶颈"效应，制约了反洗钱调查的效率①，这也是导致我国自主移送可疑交易线索并促成反洗钱调查比例较低的重要原因。

（二）法定监管部门职责划分有待进一步明确

首先，反洗钱部际联席会议制度存在体制性障碍，导致各成员单位的法定义务不明确。第一，法律未授权任何一个部门承担专门协调并明确协调的具体职能和权力；第二，法律未明确各有关部门的反洗钱职责，当前的反洗钱管理中只有金融行业和金融监管部门的职责是明确的，其他部门缺少足够的动力和有效的约束，欠缺投入洗钱治理工作的积极性；第三，因国家层面的洗钱预防与治理战略缺失，各政府部门对该领域的认知不能统一思想达成共识，在各自行业的监管配合上常流于形式，配合的举措不能推动实践的价值，部门间各自为政，各行业监督管理部门为应对洗钱所做出的资源投入与所需严重不匹配，各行业的洗钱预防与治理的发展严重不平衡。② 例如，依据《社会组织反洗钱和反恐怖融资管理办法》，中国人民银行、民政部共同履行对社会组织的反洗钱监管职责，然而就处罚权问题，仅中国人民银行有权对违反反洗钱与反恐怖融资义务的行为予以惩处，而民政部则有权针对违反社会组织相关登记、管理条例的行为进行处罚。因此，就民政部而言其监管权与处罚权相分离，将一定程度上影响监管的有效性，同时导致相互推诿的后果。③

其次，中国人民银行是负责协调反洗钱与反恐怖融资的中心机构，同时负责金融机构的反洗钱与反恐怖融资监督工作，中国银行保险监督委员会和中国证券监督管理委员会就中国人民银行对银行、保险及证券机构的反洗钱与反恐怖融资工作提供相应支持，对于非银行支付机构尚未形成专门的监督，主要由中国人民银行对其进行监管。而在特定非金融领域，司法部负责对律师事务所及律师的监督，财政部负责监督会计师事务所及注册会计师，住房和城乡建设部负责房地产行业的监管，货币和贵金属的跨境流动由海关总署

---

① 郭建勇．中国反洗钱监管机制研究［D］．上海：复旦大学，2009．

② 张新．我国洗钱行为的预防与治理机制研究——以协同治理为视角［D］．合肥：安徽大学，2019．

③ 《社会组织反洗钱和反恐怖融资管理办法》第21条．

负责监管，上海黄金交易所作为中国人民银行设立的自律监管机构主要负责对其会员的监督，民政部负责社会组织的监管，但均尚未形成对反洗钱与反恐怖融资的专门性监管，也缺乏相应的反洗钱监管制度，基本由中国人民银行负责反洗钱与反恐怖融资工作的开展。而对于其他的特定非金融机构基本只能在登记、许可环节予以限制，并未形成有效的监管。

（三）反洗钱监管手段有待进一步丰富

首先，现场检查手段落后。当前反洗钱现场检查没有专门的技术软件和科学的筛查分析方法，还是依靠人工逐一翻查大量的交易记录及凭证资料，凭借检查人员的监管经验追踪可疑线索存在极大的被动性和盲目性。这使得投入了大量时间和精力的现场检查，监管的广度和深度却是有限的，往往只能关注金融机构表层的合规风险，无暇深入分析挖掘可疑数据，难以取得应有的监管成效。

其次，非现场监管没有发挥实效。一是金融机构上报的非现场监管报表真实性难以验证。尽管《反洗钱非现场监管办法（试行）》规定人民银行对金融机构报送的非现场监管信息发现有疑问或需要确认时，可以采取电话询问、书面询问、走访和约谈高管的方式进行确认和核实，但这些方式强制力不足、可操作性不强。在实践中各大金融机构报送的数据大都是从后台提取，人民银行很难获取并进行甄别验证，更无法从真实性有待考量的信息中评估洗钱风险。二是我国尚未出台统一的反洗钱非现场监管评估办法，各地设定的非现场监管的评估指标体系、评估方法有较大差异，评估工作随意性较大，不能真实反映金融机构洗钱风险大小。现实情况表明非现场监管工作已沦为对金融机构反洗钱工作的年度、季度统计工作，难以有效地发挥非现场动态监测和风险预警作用。

二、反洗钱预防立法之不足

对洗钱行为的预防，主要依靠反洗钱义务机构履行反洗钱义务得以实现，根据现行《反洗钱法》第 3 条，反洗钱义务的相关规定可概括如下：其一，义务主体包括金融机构和按照规定应当履行反洗钱义务的特定非金融机构；其二，义务内容是指预防和监控洗钱行为，建立健全四项基本制度，即客户身份识别制度、客户身份资料和交易记录保存制度、大额交易和可疑交易报告制度。2021 年 6 月 1 日，中国人民银行发布的《中华人民共和国反洗钱法（修订草案公开征求意见稿）》（以下简称《反洗钱法修订意见稿》）从体例上看似完善了反洗钱的法律规则，但无论是现行法，还是意见稿，均在主体设定与义务细化两个方面存在诸多不合理现象。

（一）反洗钱义务主体设置存在问题

1. 特定非金融机构范围有待厘清

《反洗钱法》第 35 条规定："应当履行反洗钱义务的特定非金融机构的范围……由国务院反洗钱行政主管部门会同国务院有关部门制定。"2018 年 7 月 26 日，《中国人民银行办公厅关于加强特定非金融机构反洗钱监管工作的通知》（以下简称《非金融机构反洗钱通知》）列举了四类非金融机构，大体包括房地产业、贵金属业、会计师与律师事务所、公证机构、公司服务提供商。虽说此文件较为详细与全面地确定了非金融机构的范围，但规范性质属于部门规章，效力较弱，在具体适用时可能会出现不当情形。

并且，《反洗钱法修订意见稿》关于特定非金融机构范围的调整与界定依旧过于狭窄。根据《反洗钱法草案意见稿》第 61 条，依法履行反洗钱义务的非金融机构采用"列举式+兜底式"的规定模式，仅包括房地产开发商与中介机构、会计师事务所、贵金属交易场所与交易商，以及"其他由国务院反洗钱行政主管部门会同国务院有关部门依据洗钱风险状况确定的需要履行反洗钱义务的机构"。且不论此种立法模式是否合理，单就列举出的三类主体来说，远远不够。这不仅与《FATF 40 项建议》的范围相差颇大，甚至还窄于 2018 年《非金融机构反洗钱通知》中确定的范围。2019 年 4 月 FATF 公布的《中国反洗钱与反恐怖融资互评估报告》中，我国不符合建议数共六项，其中三项均涉及特定非金融机构和职业。

2. 个人反洗钱主体地位有待明确

除上述金融机构与特定非金融机构外，许多特定个人也具有成为洗钱行为实施主体的风险。不少国家在法律层面明确规定了个人反洗钱义务和法律责任，美国、英国及澳大利亚等英美法系国家和德国、葡萄牙、新西兰、瑞士、斯洛伐克等大陆法系国家均在其《反洗钱法》《行政法》《刑法》中对个人配合开展尽职调查、现金申报、禁止规避监管、配合行政调查等反洗钱义务进行了比较系统的规定。① 而目前我国《反洗钱法》未提及个人的反洗钱义务。

3. 恐怖融资犯罪

反恐怖主义法对恐怖主义犯罪作出规定，其中包括了资助恐怖主义的行为。依据该法，资助恐怖主义是指全部或部分资助恐怖主义行为而提供或收集资金的行为，且该资金并不对来源的合法性做出区分。但是，该行为要求资助的对象是恐怖主义行为即并未明确包含与具体恐怖行为无关的恐怖主义融资犯罪。反恐怖主义融资法规定了法人的刑事责任，相关规定与反洗钱法类似，在此不赘述。

（二）反洗钱义务具体内容有待强化

1. 金融机构的反洗钱义务仍需加强

《反洗钱法》第三章"金融机构反洗钱义务"中规定了金融机构的四项反洗钱核心义务：内部控制、客户身份识别、客户身份资料和交易记录保存、大额交易和可疑交易报告。这四项义务各自向下延伸，形成了独立的反洗钱预防制度，但由于法律的抽象概括性以及部门规章尚未细化到位，遗漏了许多重要的具体实施细则，导致制度的执行与落实存在困境。

（1）内部控制制度

作为反洗钱义务中最重要的制度，其要求各金融机构按照规定建立包括客户身份识别、客户身份资料和交易记录保存、大额交易和可疑交易报告在内的其他制度。换言之，内部控制制度涵盖了其他各项反洗钱义务内容。因此，该制度在《反洗钱法》中被置于首位，也应当被赋予最有效的执行方式与最严重的法律后果。

然而，现行《反洗钱法》第 15 条仅以两句话一带而过，高度抽象与任意的规定使得内部控制制度在金融机构内部缺乏强制力与执行力。这些问题表现在：其一，未明确内部控制制度的设立理念，作为反洗钱义务的纲领性制度没有起到很好的指导与引领作用；其二，未规定内部控制制度的主要内容，

---

① 刘宏华，叶庆国，吴卫锋. 我国个人反洗钱义务立法思考 [J]. 中国金融，2020（16）.

"大而空"的"建立健全"无法为金融机构指明方向，更难以在实际工作中得到兑现；其三，缺乏内部监管与审计措施，一项制度的生命在于实施，而保障其顺利、有效实施的关键就是制定相关的监督管理措施，当前立法仅规定负责人的做法并不能起到很好的监管作用。

（2）客户身份识别制度

《反洗钱法》虽然在有关客户身份识别条款中明确规定了金融机构应核对和登记客户真实有效的身份证件或者其他身份证明文件，也提出了持续识别、通过第三方识别客户身份的要求，但未规定金融机构的以下三项反洗钱义务：识别相关交易的性质或目的；审查交易的实际受益人和账户的实际控制人；留存交易客户的资料以及交易记录。这些义务内容的缺失会导致金融机构、执法部门和司法部门难以追本溯源，以风险为本的反洗钱法无法深入执行。[1]

此外，客户身份识别制度与《FATF 40 项建议》中规定的客户尽职调查义务存在着很大差别，两者内涵与外延不同，"身份识别"只是"尽职调查"的内容之一。根据《FATF 40 项建议》中第 10 项建议，客户尽职调查义务的调查对象包括业务关系、客户身份、客户交易以及风险状况等；而我国目前实行的客户身份识别制度仅涉及其中一项内容，这无疑会使得许多洗钱风险无法得到及时的监控与消解，进而演变为违法犯罪。

2. 其他主体反洗钱义务针对性仍需强化

回归反洗钱义务本身，既然现行《反洗钱法》规定了特定非金融机构的义务主体地位，且《反洗钱法修订意见稿》中对个人义务也有提及，那么就应当对它们一视同仁。非金融机构与个人应当同金融机构一样，需要履行客户尽职调查、资料与记录保存、配合调查等基础性义务。当其实施特定业务行为时，涉及的资金交易、移转同样面临较高的洗钱风险，只有从立法上强制其履行相关的反洗钱义务，才能在最大程度上控制并降低各行各业的洗钱风险。例如，《FATF 40 项建议》中第 22 项建议说明，应当履行反洗钱义务的特定非金融机构包括赌场、不动产中介、贵金属和珠宝交易商、律师、公证人、其他独立的法律专业人士及会计师、信托与公司服务提供商，同时也

---

[1] 原永中 . 关于修订《中华人民共和国反洗钱法》的一些思考 [J]. 华北金融，2012 (5).

分别对上述主体履行反洗钱义务的前提作出了限制，即只有该非金融机构实施某种或某些特定行为时才需要履行反洗钱义务。特定个人同样如此，比如作为房地产销售员、律师、会计师、公证人员，在实施业务相关行为并针对交易提供服务时，均应履行反洗钱义务。

但需注意，与金融机构不同，并非所有非金融机构所有业务类型均存在洗钱风险。同时，由于非金融机构范围极为广泛，其业务流程与风险点也存在显著差异，因此，各类反洗钱义务主体应当履行的义务难以照搬金融机构的反洗钱规范，而应当结合各自的行业特点出台相关规定。2018 年，中国人民银行发布《关于加强特定非金融机构反洗钱监管工作的通知》，同时也针对部分具体行业发布指引。例如，《关于加强贵金属交易场所反洗钱和反恐怖融资工作的通知》《社会组织反洗钱和反恐怖融资管理办法》等。但对于《FATF 40 项建议》中其他的高风险特定非金融领域均缺乏有针对性的规定，这是我国反洗钱义务在特定非金融领域难以落实的重要阻碍。

（三）违反反洗钱义务的处罚措施有待强化

1. 处罚力度有待加强

根据《反洗钱法》，我国对违法违规行为的处罚主要包括针对机构的责令限期整改和罚款与针对责任人员的处分与罚款。其中，对金融机构的违法违规行为的处罚，按违法违规程度不同，罚款金额为 20 万元到 50 万元不等，而个人罚款最多仅有 5 万元。显然与洗钱行为所带来的巨大收益不对等，违法成本较低，且处罚方式单一。而通过横向比较，其他国家及地区则形成了丰富的处罚方式，且对于反洗钱义务主体规定了较为严苛的责任。例如，美国规定了向法院申请禁令、提起民事或刑事诉讼，实施包括罚款、罚金、监禁等民事、刑事处罚的多种处罚措施；而在新加坡，未履行反洗钱义务最高须承担监禁刑的刑事责任。

2. 处罚标准有待厘清

基层央行在实际处罚中难以科学认定情节轻重和处罚标准，不利于监管措施的执行。① 而在我国香港地区规定了反洗钱与反恐怖融资义务主体的积极

---

① 周璇子. 浅析我国反洗钱监管工作有效性 [J]. 金融经济（理论版），2015（10）.

配合调查和提供相应资料的义务，否则将可能构成犯罪；澳门地区也规定了虚假资料罪，对银行机构及其员工提供虚假或经篡改的资料或文件，或者无合理理由情况下拒绝提供资料或文件，或阻止扣押文件等行为进行规制。此外，英国对于受监管的行业和个人规定了未申报罪、泄密罪与妨碍调查罪，用以规制不履行反洗钱义务、不配合反洗钱监管与调查的严重违法行为。

3. 激励机制有待完善

任何一种组织行为都会产生激励作用，不是正向激励就是负向激励。由于对违规者惩处过轻、对经营者约束不够，金融监管和银行内控不仅起不到应有的惩处和约束作用，而且导致违规获利的巨大诱惑力与监管规则相对较弱的强制力之间出现严重失衡，客观上促使和诱发了违法违规行为的发生。[①]

第三节　反洗钱国际合作与跨境监管之障碍

由于洗钱犯罪具有高度的流动性，实践中多数均涉及跨境资金流动，跨境洗钱已成为洗钱犯罪最主要的发展趋势之一，因此及时、有效的反洗钱国际合作与跨境监管显得尤为重要。但就我国目前的情况来看，无论是立法层面，还是执法与司法层面，均存在一些障碍与难点。

一、反洗钱追逃追赃国际合作的法律制度不健全

从反洗钱的国际司法执法合作层面上看，在对跨国洗钱的罪犯引渡和没收资产的处置方面还存在法律和政策上的障碍。

在追逃方面，主要是在引渡方面存在很多的问题。引渡通常是以双方之间存在引渡条约为前提的，如果没有引渡条约就只能通过"友好合作"方式进行，这样就受制于很多的不确定因素。比如，通过遣返措施追逃，基本完全依赖于遣返国的决定，由于非法移民遣返本质上属于遣返国主权范畴的事务，从非法移民的认定、难民身份甄别、风险评估到作出遣返决定都是依其

---

① 郭建勇. 中国反洗钱监管机制研究 [D]. 上海：复旦大学，2009.

主权作出的国内法行为。基于人权保护之考虑，各国移民法通常规定不能直接以受到外国刑事指控为由将行为人驱逐出境，而是由所在地国主导并在追逃国的配合下才能启动和完成遣返程序。追逃国无权干涉遣返国的决定，只能按照遣返国的审查标准和要求提供证据或线索、派员出庭作证、协助调查取证、作出有关承诺等方式证明相关人员系非法移民或犯有严重罪行等，积极配合遣返国作出遣返决定。① 如果其他国家不愿意与中国合作，中国也无法强制其与我们合作，这样我们往往就处于被动状态，很多外逃的腐败官员经常以政治迫害作为借口，寻求他所在国家的保护。而由于很多国家对中国的国情不了解，往往会庇护这些犯罪分子，不与中国达成合作，有的甚至给予其绿卡让其成为他国的合法公民，这些做法对中国的追捕设置了很大的障碍。

引渡的实施存在诸多限制，但其他替代性措施也常常难以实现合作。虽然，我国在司法协助方面已经与很多国家有过些许合作，但是力度远远不够。很多国家出于自己国家利益的考虑不愿与我国进行相互的司法协助，如中国在追击腐败犯罪分子洗钱的问题上，很多腐败犯罪分子逃入美国或者欧洲，这些国家为了自己国家考虑，对于中国的引渡和协助调查取证的要求置之不理，经常以人权保障、司法体制不透明为理由拒绝我国的司法协助请求。这样就无形当中为我国追查腐败、遏制犯罪设置了很大的障碍，导致时至今日仍有大量的资金流失在国外，大量的腐败分子没有被遣返回国受到法律制裁。

在追赃方面，洗钱犯罪资产查证、返还和追缴过程中常常出现许多困难。第一，取证难。由于跨境洗钱手段的隐蔽性、复杂性更强，不法资金流向更加多元化，有时涉及多个国家，且申请司法协助进行跨境取证需要一定时间和成本，导致非法资金的取证常常受阻。第二，追回难。资产追回离不开资产流入国的配合和支持，在很多情况下，若没有资产分享的安排，外国配合我国追赃的积极性就不高，甚至会直接拒绝，这样显然不利于从整体上维护国家利益。虽然我国加入了不少规定有资产分享条款的国际条约，但资产分享条款更多的是原则性规定，且实践中的典型案例很少，尚未建立起务实合理的资产分享机制。②

---

① 黄风，赵卿. 从"程慕阳案"看移民法遣返的证据规则 [J]. 法学，2017 (2).

② 彭新林，宋伟，庄德水. 国际追赃究竟难在哪儿 [N]. 法治日报，2021 (8).

二、金融情报信息国际交换制度待完善

反洗钱信息国际交流共享不畅，使得获取相关情报的效率不高，难以满足跨境反洗钱需求。

从反洗钱的国际制度合作层面上看，我国还未加入一些国际上普遍认可的反洗钱国际情报组织，如埃格蒙特集团，无法利用该多边框架，特别是埃格蒙特集团安全网开展相关情报信息交流，并且反洗钱监测分析中心与外国签署的双边金融情报信息合作备忘录或类似的协议数量有限。因此，我国与国际社会反洗钱的信息沟通与经验交流存在很大局限性，反洗钱工作开展比较被动。

我国的反洗钱金融情报机构——中国反洗钱监测中心的实际操作与运行中存在很多障碍。由于该机构被定位为事业单位，其行使行政权的正当性依据不足，导致该部门处于尴尬境地，在金融情报信息国际合作方面难以发挥预想作用。目前，我国政府定期开展其他形式的国际合作，与境外同行交流金融情报、执法、监管和其他信息。实践操作中，反洗钱监测分析中心接收境外金融情报信息请求较多，向境外提出的金融情报信息请求较少。而且向境外同行提供的相关信息仅限于其数据库中已有的信息。

执法机构在打击洗钱上游犯罪的过程中会开展广泛的非正式国际合作，尤其在腐败案件中更是如此。除了通常的司法协助外，执法机构还利用国际刑警组织、警务联络官机制，通过联合行动开展国际合作。特别是在跨国追逃、追赃的过程中，会利用这些非正式的国际合作渠道。然而，这些机制被运用于反洗钱和反恐怖融资的情况非常有限。①

三、反洗钱跨境监管面临诸多挑战

除上述针对反洗钱国际合作的一般性障碍与困难之外，近年来，随着国际化的加快和以互联网金融为代表的新型金融业态迅速发展，跨境洗钱活动

---

① 兰立宏．我国反洗钱与反恐怖融资金融情报信息交换机制优化研究——基于国际标准的视角［J］．金融监管研究，2020（10）.

的专业性、技术性、隐蔽性逐渐增强，这给反洗钱跨境监管工作带来了不少挑战。当前跨境洗钱的具体方式主要包括：一是通过投资移民，实现人员和资金的双重出逃（如李华波投资移民至新加坡）；二是通过非法汇兑型地下钱庄进行境内外资金兑付；三是通过网络支付平台洗钱，将资金转移到境外；四是通过加密货币（虚拟货币）的方式进行交易，由于加密货币隐私保护性强，操作方便快捷，成本非常低廉，用来规避和突破金融监管，实现跨境资金转移；① 五是通过离岸中心或利用海外避税地跨境洗钱。② 虽然，近年来我国进一步加强金融机构对于反洗钱特别是跨境洗钱的监管能力建设，但是面对变化多端、层出不穷、更加隐蔽和多样的跨境洗钱方式，如何进行有效监管，仍是我们今后需要考量的重要问题。

（一）投资移民跨境洗钱的监管难点

通过投资移民渠道，向海外转移非法资产。目前，中国已经成为投资移民的输出大国。通过投资移民申请，有些国家要求申请者提供资金来源合法性说明，指投资移民申请者在提交申请材料时应对投资资金的来源作出明确清晰、符合证明要求的说明。申请者一般可通过税单、工资收入证明、银行对账单等一系列材料进行证明。但目前，并不是所有实行投资移民政策的国家都将资金来源合法性作为一项强制性说明要求纳入投资移民审查的范围，这导致对资金来源的监管存在漏洞。此外，在对资金来源合法性作出要求的国家中，也并不是所有的国家都明确了对资金来源合法性的证明标准，没有将民事证明标准运用于投资资金的证明当中，没有达到其他移民类型对同等证明材料的证明力要求，对投资移民资金来源的证明力要求过低。

第一，我国金融监管和出入境管理制度上还存在一定的问题与监管漏洞。首先，投资移民涉及外汇资金归属于个人资本项目下外汇管理，从政策层面来看，目前个人资本项目下管理仅对境外融资返程投资、财产对外转移及参与境外上市公司员工持股计划购付汇等做出明确规定，而针对以移民为目的的个人境外投资管理仍属空白。现有的《个人外汇管理办法》《外汇管理条

---

① 国家外汇管理局管理检查司 . 推动跨境反洗钱监管向纵深发展 ［J］. 中国外汇，2021（7）.

② 黄桔，江文 . 防范跨境反洗钱风险 ［J］. 中国外汇，2017（9）.

例》只是对境内个人境外直接投资作出原则性的规定，而缺乏实施细则和指引，无法具体操作。从外汇局现有系统监测来看，没有监测该类业务数据的发生。① 其次，商业银行未能履行应有的监管职责。近年来，一些商业银行贪图营业利润，以违规方式为"投资移民"向境外转移大额资金提供服务和便利。一方面，这些商业银行通过设立在境外的分支机构实行资金对冲，将从境内客户处收取的人民币留在境内，并用境外分支机构的自有外汇折价冲抵，其手段与地下钱庄如出一辙；另一方面，一些金融机构的工作人员通过提供存单质押和贷款等金融服务，协助某些"投资移民"将不能说明合法来源的资金转换为合法来源资产并转移至境外。② 最后，对于外逃人员身份证件的管理尚需加强。在我国公布的"百名红通人员"中，四分之一都持有两个以上护照，这显然为外逃提供了方便。

第二，移民目的国投资移民法律制度中存在监管漏洞。目前，并非所有实行投资移民政策的国家都将资金来源合法性作为一项强制性说明要求纳入投资移民审查的范围内，外来资金监管存在漏洞。并且，有相关要求的国家，比如英国，也只要求提供一个大概说明资产来源的证明，证明要求较低，给不法分子洗钱出逃提供了便利条件。③

第三，我国同移民目的国在投资移民方面的监管合作不够充分。我国通过投资移民渠道外逃的贪腐人员不在少数，如获得美国投资移民身份的有徐进、刘芳、乔建军、贺业军，获得圣基茨和尼维斯护照的是任标，获得加拿大投资移民永久居民身份的是储士林和蒋强，以及获得新加坡护照的李华波。然而，由于我国同这些国家和地区缺乏日常的移民信息交流、共享，案发时间较晚，人员与资金的追回变得更加困难。

（二）地下钱庄跨境洗钱的监管难点

第一，地下钱庄资金监管困难，监管制度不完善。由于地下钱庄跨境洗

---

① 蔡敬亮，赵仰远. 我国投资移民发展较快原因分析及对策建议［J］. 区域经济，2012（1）.

② 黄风. 建立境外追逃追赃长效机制的几个法律问题［J］. 法学，2015（3）.

③ 杨超. 投资移民法律制度的监管漏洞对反腐败国际追逃追赃的影响及对策建议［C］. 世界的中国　迁徙与交往 70 年——第三届全球人才流动和国际移民学术论坛论文集，2019：396.

钱常常具有跨区域、跨银行、跨国境的特点，且犯罪分子专门从事非法金融业务，具备一定的反侦查意识，并且许多地下钱庄经营业务繁杂，合法与非法资金混同使用，难以对其资金进行统一有效监管，且违法犯罪发现和线索的获取也十分不易。目前，我国《反洗钱法》中的监管模式较为单一，中国人民银行负责反洗钱的情报收集与监测分析，使得具体负责监管地下钱庄非法金融业务的工商、税务等部门缺乏参与性与主动性，不利于证据固定和及时控制预警。

第二，地下钱庄洗钱犯罪多被定性为非法经营罪，与实际罪质不符。通过地下钱庄洗钱主要包括非法支付结算、非法买卖外汇以及非法跨境汇兑三种方式。巧合的是，地下钱庄犯罪的常见行为方式正好处于洗钱罪与非法经营罪交叉重合的规制地带。根据《刑法》第 225 条及 2019 年 1 月 31 日两高《关于办理非法从事资金支付结算业务、非法买卖外汇刑事案件适用法律若干问题的解释》的相关规定："违反国家规定，非法从事资金支付结算业务，或者实施倒买倒卖外汇或者变相买卖外汇等非法买卖外汇行为，扰乱市场秩序，情节严重的，以非法经营罪定罪处罚"，可见，上述三种常见的地下钱庄犯罪均能被评价为非法经营行为，且地下钱庄作为一种营利性的非法金融机构，其非法经营活动违反了国家的支付结算与外汇管理制度，在司法实践中更容易被认定为与合法经营相对的、单纯的非法经营行为。而根据现行《刑法》第 191 条的规定，"将财产转换为现金、金融票据、有价证券的；通过转账或者其他支付结算方式转移资金的；跨境转移资产的"，均可能构成洗钱罪。当前司法实践中仅将地下钱庄犯罪定性为非法经营罪的做法，多数情况下无法正确、完整地评价其行为性质。[①]

（三）网络支付平台跨境洗钱的监管难点

第一，网络支付平台难以核实交易双方的真实身份与交易目的。从业务模式来分析，网络支付平台作为支付中介，只对买卖双方选择的银行进行资金操作，再向合作银行、境内外买卖双方进行信息反馈，从而赚取手续费。此种业务模式存在一定的洗钱风险隐患，网络手段的匿名性和隐蔽性导致买

---

① 王秀梅，李采薇. 新时代地下钱庄洗钱犯罪的定罪困境、成因与对策 [J]. 云南师范大学学报（哲学社会科学版），2022（1）.

卖双方难以形成真实、可靠、完整的交易信息，可能无法通过有效的渠道来验证客户的基本信息和核实客户交易的真实目的。并且，在整个交易过程中，网络支付平台作为买卖双方的中间人，把整个交易链割断为两个孤立的交易，弱化了银行和监管部门对资金来源与去向的追溯能力，为虚假交易提供了便利。

第二，银行难以识别客户身份和进行资金监测。一方面，由于网络支付平台提供的是虚拟账户，从开户环节，银行就难以严格按照实名制的规定审查开户资料。另一方面，网络支付平台屏蔽了银行对资金流向的识别，银行收集到的交易记录均为断裂的交易链，难以了解境外卖家的经营状况和资金流向，而且这些跨境交易多以小额交易为主，导致银行难以从海量的交易信息中及时发现可疑交易线索。

除上述两方面难点外，我国针对网络支付平台的反洗钱规定也不够充分。不仅《反洗钱法》并未明确网络支付平台的义务主体地位，在《非金融机构支付服务管理办法》中也没有针对第三方、第四方支付平台经营网络支付业务的具体规定。

（四）虚拟货币跨境洗钱的监管难点

近年来随着科技的发展，虚拟货币市场异常繁荣，不论是交易数量、用户规模还是市场活跃程度，虚拟货币都呈现出了迅猛发展的势头。虚拟货币本身集去中心化、匿名性、全球流通性、多对多交易等特征于一体，已成为滋生网络犯罪的新型土壤和黑灰产业的优选工具。由此一来，以虚拟货币为犯罪手段实施跨境洗钱类犯罪也日渐猖獗。[①]

从利用虚拟货币跨境洗钱的具体操作模式来看，犯罪分子主要利用了虚拟货币本身及其监管情况的两个特点：一是虚拟货币本身一般具有极强的匿名性与加密性，再加上区块链技术的去中心化特征，同笔交易可能存在上百个交易发起者与接收者，交易过程复杂多变，资金链难追踪，为模糊非法资金的真实来源提供了天然的便利与帮助；二是世界各国对于虚拟货币的监管情况不一，我国明确禁止比特币交易与挖矿行为，并明令禁止金融机构与支

---

① 李慧，田坤. 涉虚拟货币洗钱犯罪刑事治理的实践面向［J］. 人民检察，2021（16）.

付机构开展虚拟货币相关业务，而美国、英国、德国、日本、加拿大、澳大利亚等国承认其合法地位，并在国内设有合法的比特币交易所，这就使得在虚拟货币跨境反洗钱监管上，我国与这些国家难以达成一致，故后续的追逃追赃工作也会面临困难。

当前我国针对虚拟货币跨境洗钱的治理难点主要在于，虚拟货币基本游离于我国的反洗钱监管体系之外。2017 年中国人民银行等部门《关于防范代币发行融资风险的公告》中，除禁止从事代币交易的禁止性规定外①，只在其第 3 条提道："任何所谓的代币融资交易平台不得从事法定货币与代币、'虚拟货币'相互之间的兑换业务，不得买卖或作为中央对手方买卖代币或'虚拟货币'，不得为代币或'虚拟货币'提供定价、信息中介等服务。对于存在违法违规问题的代币融资交易平台，金融管理部门将提请电信主管部门依法关闭其网站平台及移动 APP，提请网信部门对移动 APP 在应用商店做下架处置，并提请工商管理部门依法吊销其营业执照。"可以看出，即使是在监管层面，也只有禁止性规定及相应的法律后果，缺乏具体的监管制度，无法对虚拟货币的跨境洗钱风险进行监测和控制。

（五）离岸金融跨境洗钱的监管难点

海外注册的便利性、监管宽松性、信息披露不透明性、资金流动高度自由性以及免税特性是离岸金融得天独厚的优势，同时也使得离岸账户极易成为跨境洗钱通道和避险港湾。并且，属地法规差异、语言沟通障碍、公开信息采集困难、海外调查费用高、跨国合作有限等都是银行实施离岸业务反洗钱监测的层层阻碍。然而，目前我国《反洗钱法》中并未将离岸金融中心、离岸公司与离岸账户作为重点监管对象。《金融机构客户身份识别和客户身份资料及交易记录保存管理办法》第 18 条、第 19 条虽然对高风险人群的资金来源和用途、经济状况等作出规定，但欠缺涉及离岸金融市场中"空壳公司"的专项规定，而现实中"空壳公司"正是犯罪分子进行财产转移的重要渠道。

此外，2017 年曝光的"天堂文件"使得跨境避税问题再次引起了国际社会的高度关注。少数国家和地区为吸引外资，依靠推行低税率或零税率政策

---

① 《关于防范代币发行融资风险的公告》规定：任何组织和个人不得非法从事代币发行融资活动，各金融机构和非银行支付机构不得开展与代币发行融资交易相关的业务.

创造了"避税天堂"。这些奉行信息保密制度的避税天堂，为洗钱分子提供了转移非法资产、逃避法律惩处的便捷渠道。在海外税收信息的收集方面，我国选择加入了"统一申报标准体系"（Common Report System，CRS），并在2018年首次实现了信息交换，获得了大量海外税收账户信息。但以美国为代表的部分国家仍未加入 CRS 框架，使得我国通过这一体系能够获得的税收信息范围有限。同时，以部分加勒比国家为代表的、既是离岸金融中心又推行投资移民政策的国家当中，部分国家和地区尚未与我国建交，无法实现税收信息的双边共享，不法分子仍然可能利用投资移民政策存在的监管漏洞。

第四章

域外反洗钱法律制度的考察

在国际社会对反洗钱的重要性认知逐渐达成共识并不断深化反洗钱领域国际合作的大趋势之下，其他国家和地区都逐步形成符合自身环境特征的洗钱预防与惩治模式。同时，以 FATF 为代表的国际组织也在不断探索和更新反洗钱的国际标准。我国作为实力雄厚的发展中国家，也应当具备大国担当，以所在国际组织及批准加入的国际公约为准绳，借鉴其他国家、地区的有益经验，立足本土情况，完善和构建具有中国特色的反洗钱立法，开展符合中国国情的反洗钱实践工作。

第一节　典型国家反洗钱立法的考察

为了解其他国家反洗钱法律制度建设，从而为我国反洗钱立法及其实施的检视与完善提供经验参考，我们选取了法系不同、发展程度不同的英国、美国、澳大利亚、加拿大、新加坡、泰国、德国、西班牙八个国家并对其反洗钱法律制度展开梳理。纵观以下国家的反洗钱制度现状，为应对洗钱与恐怖融资的威胁，不同国家依据自身的风险状况，逐渐形成了各具特色的反洗钱法律制度。

一、英美法系部分国家反洗钱立法的考察

（一）英国反洗钱立法考察

国际金融市场是随着资本主义世界市场的形成而诞生的，而英国正是老

牌资本主义强国，国际金融业亦肇始于 1694 年英格兰银行的创立。尽管日不落帝国的荣光已不复存在，但时至今日，伦敦依旧是世界上最为发达的国际金融中心之一，仍然是世界上金融业最为发达的国家之一。由于英国拥有全球主要金融中心和全球最大的跨境银行业务中心的地位，它面临着来自海外的重大洗钱风险，特别是来自其他国际性金融中心、英国海外领土以及王室属地等。此外，英国也面临着国际恐怖主义的严重威胁。但是英国的恐怖融资活动通常处于较低水平，主要涉及英国公民个人筹集的资金资助恐怖组织，或方便其本人的恐怖袭击计划。英国还面临着来自北爱尔兰的恐怖主义威胁，北爱尔兰的恐怖主义威胁的性质随着准军事组织和恐怖组织的发展而演变，并且呈现多元化的趋势。

1. 反洗钱刑事立法

（1）洗钱犯罪

如上所述，1988 年《刑事审判法》中就规定了洗钱犯罪，分别有协助洗钱罪，获取、占有或者使用犯罪收益罪和隐瞒、掩饰犯罪收益罪。具体条款如下：

①协助洗钱罪。根据第 93 条 A 项的规定，如果行为人在明知或者合理地怀疑他人已经从事犯罪活动或者从犯罪行为中受益的情形下，开始或者预备以自己或者他人的名义，协助他人保存或者控制犯罪收益，则其行为构成了协助洗钱犯罪，最高可处 14 年监禁刑，也可单处或并处 5000 英镑以下的罚金。

②获取、占有或者使用犯罪收益罪。该罪是指行为人明知收益是全部或者部分，或者直接或间接来自犯罪行为，却予以获取、占有或者使用的行为。对于该罪，最高可处以 14 年监禁刑，也可单处或并处 5000 英镑以下的罚金。

③隐瞒、掩饰犯罪收益罪。该罪是指行为人对于明知或者合理地怀疑是犯罪行为全部或部分，或者直接或间接所产生的收益，却予以隐瞒或者掩饰该收益的性质、来源、所在地、处置、转移、所有权或者任何相关的权利。关于该罪的刑罚，可处以 14 年以下监禁刑，也可单处或并处 5000 英镑以下

的罚金。①

《2002 年犯罪收益法案》里定义了洗钱罪的范围。从内容上看，该法基本上是将《反毒品贩运犯罪法》和《刑事审判法》中涉及清洗毒品贩运和其他犯罪的收益规定予以合并和细化，同时增设了不申报洗钱可疑交易以及泄露方面的罪名，着重规定了关于这些犯罪的构成要件、抗辩事由以及刑事司法程序。② 除了特定领域的罪行认定之外，其规定适用于所有人。从广义上说，之所以定义这些严重的刑事罪行，旨在防止犯罪分子和那些参与协助犯罪分子的人以任何方式处理犯罪收益的违法行为。

在英国《2002 年犯罪收益法》的第 327 条至第 329 条中，设置了以下关于洗钱犯罪的具体罪名：

①隐瞒、掩饰、转换、转让、转移财产犯罪。根据 327 条①之规定，该罪是指行为人隐藏、掩饰、转换、转让犯罪财产，或者将犯罪财产转移出英格兰和威尔士、苏格兰或北爱尔兰的行为。依据该法第 340 条的解释规定，所谓的"犯罪财产"③，是指某人因犯罪行为而全部或部分地、直接或间接地获得的财产和财产性利益，并且被告人明知或者怀疑其源自或取自前述之利益，包括金钱、各种形式的财产、相关的物品和其他无形的财产。而其中所说的"犯罪行为"则是个广义的概念，既包括在英国任何地方构成犯罪的行为，也包括发生在英国境外而根据英国法律将构成犯罪的行为。相应的，该罪的上游犯罪是非常宽泛的。至于犯罪财产的属性，包括财产的性质、来源、所在地、处置、转移、所有权或者任何相关的权利。

②安排犯罪财产罪。依据第 328 条的规定，该罪是指行为人在明知或者怀疑是犯罪财产的情形下，以自己或者他人的名义而从事或者关注于安排，从而有利于（不论通过任何手段）对该犯罪财产的获取、保有、使用或者控制的行为。

③获取、使用或者占有犯罪财产罪。根据第 329 条的规定，该罪是指行

---

① Criminal Justice ACT, S. I. 1994, No. 1759, § 93A, § 93B and § 93C.

② 王新. 论英国反洗钱立法对我国的借鉴 [J]. 甘肃政法学院学报，2012 (7).

③ "财产涉罪"的精神出自 R v GH 案（〔2015〕UKSC 24），如果出借个人银行账户给他人用于欺诈，则符合《2002 年犯罪收益法案》第 328 条规定的罪行要件，即安排犯罪收益罪，进出该出借账户的资金则即刻被视为"犯罪财产"。

为人对于犯罪财产予以获取、占有或者使用的行为。同时，为了保护基于正当目的而获取、使用或占有相关财产的行为人，该条款还设立了一项独特的抗辩事由：如果行为人在支付了足额对价的前提下获取、使用或者占有了该财产，则不构成本罪。

根据第 340 条第 11 项的解释规定，洗钱不仅包括以上第 327 条、第 328 条和第 329 条所规定的犯罪，还包括以上犯罪的未遂、共谋和煽动行为；帮助、教唆、怂恿或者促进行为；若发生在英国也将构成以上犯罪的行为。此外，在该法第 327 条至第 329 条中，还设定了所规定犯罪的抗辩事由。如果行为人具有某一抗辩事由，则不构成犯罪。具体而言，上述三罪所共同具有的抗辩事由包括：在经过主管许可的情况下进行了被授权的申报；意图做出申报，但有合理理由解释为何未申报；行为人是在履行本法或者其他与犯罪收益相关立法的规定下所实施的行为；明知或者有合理理由相信在英国境外发生了与犯罪财产相关的犯罪行为，但是根据发生地的法律不构成非法行为。

除了前述三类洗钱罪之外，还有三种情形会被认定为犯罪，其中两种适用于受监管的行业，另外一种适用于所有人，它们分别为：

①未申报罪。[①] 如果受监管的行业内的人员在从事业务的过程中，知悉了有助于确认其他人的身份或者被清洗财产下落的有关信息或事项，在其明知或怀疑，或者有合理理由知道或怀疑其他人实施了洗钱时，却没有在可行的情况下，以规定的格式和方式，向行业所指定的人员或者国家犯罪情报中心（National Crime Agency）主任所授权的人员进行所要求的报告，则其构成了犯罪。

②泄密罪。[②] 如果受监管的行业内的人员在从事业务的过程中，在其明知或怀疑其他人实施了洗钱并依此报告至英国调查机关或案件调查处于研判或进行之中时，向他人予以泄露，并且可能对涉及报告的调查工作造成不利影响的行为，则其构成了犯罪。

③妨碍调查罪。[③] 如果明知或怀疑洗钱案件调查涉及或即将涉及他人时，

---

① The Proceeds of Crime Act 2002 330.

② The Proceeds of Crime Act 2002 333A.

③ The Proceeds of Crime Act 2002 Section 15, 16.

向他人予以泄密，并且可能对调查造成妨碍或干扰的行为，则其构成了犯罪。

而关于反洗钱专门条例的多部《反洗钱条例》则是规定了更为综合性的监管要求，其具体内容将在下文中展开论述，值得注意的是《反洗钱条例》也是英国起诉之主要依据。

（2）恐怖融资犯罪

对于恐怖融资罪名的认定，英国当局则主要是通过《2000年反恐法》《2001年反恐怖主义、打击犯罪与安全法》《2008年反恐怖主义法》《2002年犯罪收益法案》《2015反恐与安全法案》以及《2018年反洗钱条例》等进行了规定。

《2002年犯罪收益法案》主要涉及犯罪收益的处置，与此同理，《反恐怖主义法》则是针对为恐怖主义活动融资或为此提供资金支持的行为实施管控。《反恐怖主义法》第15至18章详述了主要几类涉及的恐怖融资罪名。而该法第15至16章主要涉及邀约、接受、提供或持有的金钱或其他财产意图或有合理理由怀疑其可能被用于恐怖主义目的；第17章主要涉及参与从事某种可能用于恐怖主义目的的资金或资产安排，以及知晓或有合理理由怀疑他人用于恐怖主义目的，但仍参与其中的行为；第18章主要涉及参与从事某项安排，为涉恐资产及其持有人隐藏、隐瞒、解除司法管辖、转让至他人或类似活动提供便利的行为；恐怖融资罪名一旦成立，将被处以罚金或最高14年的监禁刑罚。

与洗钱犯罪的规制模式相类似，英国立法机构亦在相关法案中规定了非典型的恐怖主义融资罪名，其与《2002年犯罪收益法案》相类似却并不雷同：

①未申报罪。① 如果受管理的行业内的人员在从事业务的过程中，在其明知或怀疑，或者有合理理由知道或怀疑其他人正在实施或意图实施恐怖融资时，却没有在可行的情况下，以规定的格式和方式向行业所指定的人员，或者国家犯罪情报中心主任所授权的人员进行所要求的报告，则其构成了犯罪。

②泄密罪。② 如果受管理的行业内的人员在从事业务的过程中，在其明知

---

① Terrorism Act 2000 Section 21A.

② Terrorism Act 2000 Section 21D.

或有合理理由怀疑其他人实施了恐怖融资并依此报告至英国调查机关，或案件调查处于研判或进行之中时向他人予以泄露，并且可能对涉及报告的调查工作造成不利影响的行为，则其构成了犯罪。

③妨碍调查罪。① 如果在其明知或有合理理由怀疑其他人实施了恐怖融资并依此报告至英国调查机关，或案件调查处于研判或进行之中时向他人予以泄密，并且可能对调查造成妨碍或干扰的行为，则其构成了犯罪。

这些罪名同样被视为严重的犯罪行为。一旦判定，泄密罪则面临最高 2 年的监禁，而其他两类罪名一经认定，监禁期最长可达 5 年。

需要关注的是，《反恐怖主义法》针对那些非监管行业的人员同样设立了未申报罪，与之进行贸易、合作、业务或受雇于这些行业的人员如果确信他人正在实施或意图实施恐怖融资，但未向相关行业所指定的人员，或者国家犯罪情报中心主任所授权的人员进行所要求的报告，则同样构成未申报罪。罪名一经认定，亦将会被判处最高 5 年的监禁。

2. 反洗钱行政立法

英国目前仍旧是世界上最大的跨国银行中心，英国金融业和专业服务行业的规模连同开放的经济，以及伦敦房地产市场对于海外投资者的吸引力，使得国际洗钱风险问题在英国异乎寻常地暴露出来。在英国，《反洗钱条例》为英国各有关当局履行反洗钱与反恐融资规定了周密的义务，并且英国的金融监督机构和行业自律组织也在其权限范围内施行了相关的指引与规范。

（1）反洗钱与反恐怖融资义务主体范围

根据英国《2017 反洗钱条例》中的规定，英国反洗钱与反恐怖主义融资语境下金融机构主要有提供资金服务的公司（Money Service Business）、② 保险公司、保险中介、提供投资服务的个人、提供拍卖服务的个人、集体投资

---

① Terrorism Act 2000 Section 39.

② 例外情况是信贷机构、根据《消费者信贷法》第 12（a）条之债务人-债权人-供应商协议而从事活动的企业、提供固定金额信贷的企业〔根据《消费者信贷法》第 10（1）(b)〕、其唯一上市活动是为自己交易法律所规定的相关产品的企业。参见《2017 反洗钱条例》第 10 章第 3 节（a）-（c）。此处资金服务提供公司打击面十分之广，包括商业银行、证券公司、基金公司等一系列涉及金融行业的实体.

企业、以上企业的分支机构、国家储蓄银行、储蓄署署长等。① 在《2002 犯罪收益法案》《反恐怖主义法案》《2011 电子货币法案》中也有相类似的规定。

根据 2018 年 FATF 评估报告显示，英国相关法案规制下的特定非金融机构（DNFBP）主要涉及赌场、房地产经纪人（销售与出租）、贵金属交易商、宝石交易商、律师、公证人、其他独立法律专业人员、外部会计师和税务顾问、高价值交易商、信托公司、信贷机构、审计师、破产从业人员、艺术市场参与者、加密资产服务提供商、托管钱包提供商等个人与法人实体。并且英国有关当局为相关主体设定了明确的义务标准，如赌场必须持有赌场经营许可证，且其客户从事不少于 2000 欧元的交易门槛时，赌场则必须履行法律所确定的义务。②

（2）法律责任

违反监管义务要求的相关主体，将根据《2002 年犯罪收益法案》《反恐怖主义法》等承担相应的刑事责任。

3. 反洗钱与反恐融资国际合作③

鉴于英国作为全球金融中心的地位以及作为热门的海外资产转移目的国，国际合作在英国语境下至关重要。总的来说，英国在其广泛的海外刑事司法网络的协助下，积极提出和回应国际合作之请求。

在提供司法协助方面，FATF 的报告显示英国收到的法律援助请求和欧洲调查令（EIO）请求数量极高（2017 年为 7873 例）。英国分别有三个中央机关：英国内政部的中央机关（UKCA），负责处理与英格兰、北爱尔兰或威尔士有关的请求；税务及海关总署国际互助小组，负责处理税务事宜；苏格兰皇家办公室和财政检察署（COPFS）的国际合作单位，负责处理与苏格兰有关的请求。在引渡方面，据 FATF 报告显示，英国也有着效率极高的引渡法律体系，并可以在必要时订立特别引渡安排。

---

① The Money Laundering, Terrorist Financing and Transfer of Funds (Information on the Payer) Regulations 2017 Section 10 (2) a- (2) i.

② FATF. Anti-money laundering and counter-terrorist financing measures Mutual Evaluation Report [R]. United Kingdom，2018.

③ FATF. Anti-money laundering and counter-terrorist financing measures Mutual Evaluation Report [R]. United Kingdom，2018.

作为一个拥有跨国资金流动的金融中心，洗钱犯罪上游犯罪的跨国因素在英国也并不鲜见。英国在此类案件中积极寻求司法协助和引渡，包括提出限制、冻结和没收的请求。根据所寻求援助的类型以及与被请求国的外交关系，英国当局可以通过中央间接寻求援助，也可以由检察机关直接寻求援助。2016年，英国通过其中央机关向非欧盟国家提出的208项请求中有78项为反洗钱犯罪。为了反洗钱与反恐融资，英国也积极开展反洗钱机构间的国际合作。如洗钱情报联合行动组、金融市场行为监管局、税务总局和博彩委员会与外国同行间的密切合作。同时，英国执法机构（包括警察部队）也与外国同行建立了牢固且长期的关系。

除此之外，英国自1990年起便是FATF的成员，同时担任亚太反洗钱组织（AGP）、东南非洲反洗钱工作组（ESAAMLG）、中东和北非反洗钱金融行动特别工作组（MENAFATF）的观察员，加勒比金融行动工作队（CFATF）的支持国与合作方之一。

英国对其洗钱犯罪和恐怖主义融资犯罪风险有充分的了解，这反映在其国家公共风险评估（NRA）中。并且英国根据其在这一领域确定的风险，主动调查、起诉和定罪，努力提升处理洗钱犯罪的优先级。英国在洗钱情报联合行动组的推动下于贸易便利化的问题上建立了强有力的公私伙伴关系。但是，英国仍然存在相关措施的监督和落实不足之问题，金融情报未发挥的作用远未达期待值，主要原因是可利用的资源不足（人力和信息技术）导致金融情报招致非议。在法律框架内，针对代理银行（correspondent banking）的规章制度仍有欠缺。

在公司透明度的推进方面，英国处于全球领先地位，其认为唯有全行业的遵纪守法才是应对洗钱及恐怖融资风险的利刃。同时，政府有义务引导从业者合规履职并帮助他们建立风险观念，推进业务健康发展以及根据罪案风险合理配置资源。并且，英国内政部还认为，根据具体的风险区域予以精准的资源投入，才是应对风险威胁的正途。例如，通过移除重复或冲突的合规性意见，这不但有利于解除不必要的官僚负担，更有助于打击犯罪，而且资源也得以更好地投入在其他领域。政府也致力于减少企业的监管负担，这可以使企业更少分散不必要的精力，使之可以专注于真正的风险，也将确保企业和个人的目标更准确地指向显著性需求。

（二）美国反洗钱立法考察

美国作为全球最大的经济体，拥有最为开放、独特、全面的金融体系。美元在全球的主导地位为美国银行每天带来数万亿美元的交易，这为资金的跨境非法流动带来巨大便利，也导致了潜在的洗钱风险。同时，美国的犯罪率也不容乐观，联合国毒品和犯罪问题办公室（UNODC）估计，2010 年美国所有形式金融犯罪的收益为 3000 亿美元[①]，较高的犯罪率与犯罪收益昭示着洗钱的隐患。

1. 美国的反洗钱立法概况

美国是世界上最早对反洗钱进行立法监管的国家，也是最早将洗钱行为纳入刑事犯罪的国家。美国从 20 世纪 70 年代起便通过对大宗现金交易、国内和国际的资金转移活动进行记录留存和报告的方式对洗钱活动进行监管。经过一系列国内立法，以及对金融行动特别工作组建议（The Financial Action Task Force，FATF Recommendations），相关国际条约和联合国决议的吸收纳入，美国逐渐发展建立起一套庞大复杂的反洗钱法律体系，其总体包含三部分：联邦立法、州立法、国际公约及准则。早在 1956 年，美国就通过《麻醉品控制法》（*The Narcotic Control Act of* 1956），这是首部与反洗钱相关的法律。而分别于 1970 年和 1986 年通过的《银行保密法》（*Bank Secrecy Act*）和《洗钱控制法》（*Money Laundering Control Act*）则构成了美国反洗钱的法律核心体系。《银行保密法》以预防洗钱为主要目的，《洗钱控制法》则重在打击洗钱行为，是美国打击洗钱刑事犯罪的首要刑事法律，在反洗钱的立法史上具有里程碑的意义。[②] 围绕《银行保密法》，又相继通过了《反毒品滥用法》（*Anti-Drug Aluse Act*）《阿农齐奥—怀利反洗钱法》（*Annunzio-Wylie Money Laundering Suppression Act*）和《洗钱抑制法》（*Money Laundering Suppression Act*）等，逐步对洗钱上游犯罪和反洗钱的义务主体范围进行了扩充，并对

---

① FATF. Anti-money laundering and counter-terrorist financing measures Mutual Evaluation Report［R］. United States，2016：7.

② 李云飞. 走向完善的中国反洗钱立法——《反洗钱法》颁布十周年回顾［J］. 清华金融评论，2016（7）.

《银行保密法》进行了多处修订和完善，丰富了洗钱罪的内容。同时，美国财政部等政府机关制定了一系列配套法规，例如，1998 年通过的《反洗钱及金融犯罪战略法案》（*Money Laundering & Financial Crimes Strategy Act*）便进一步完善发展了美国反洗钱的立法体系，提高了洗钱罪立法的严密性。"9·11"事件后，美国进一步加强对恐怖主义的防范和打击，2001 年通过的《爱国者法案》规定了对外国金融机构的长臂管辖，对恐怖融资和违反制裁的交易进行重点监管；2009 年又通过《对诈骗行为严格执法和经济复苏法》（*Fraud Enforcement and Recovery Act of* 2009），将打击洗钱犯罪立法重点从国内向国际延伸。①

2021 年 1 月 1 日，美国国会通过的《2020 年反洗钱法案》（*Division F-the Anti-Money Laundering Act of* 2020）作为《2021 财年国防授权法案》（*National DefenseAuthorizationAct for Fiscal Year* 2021，简称"NDAA"）的一部分，被正式称为法律。②《2020 年反洗钱法案》立足维护国家安全的核心目的，对银行和其他金融机构、特定公司以及美国的监管机构提出了更加广泛的反洗钱和反恐怖融资义务，并进一步扩大了银行保密法的目的和用途，并要求在金融机构、监管机构、执法机构和国际社会之间就打击金融犯罪和恐怖融资进行更多常规的系统性、技术性协调、沟通及反馈。具体修改完善的内容主要包括：其一，建立反洗钱和反恐怖融资监管的优先事项清单，即针对贪腐、网络犯罪、国际与国内资恐活动、欺诈、跨国犯罪组织活动、贩毒组织活动、人口贩运与走私、资助武器扩散八个事项；其二，强化与扩充美国财政部金融犯罪执法网络（Financial Crimes Enforcement Network，以下简称 FinCEN）"的权责；其三，完善受益所有人信息报告制度，要求符合条件的股份公司、有限责任公司、在美国设立的小规模实体或者在美国经营的外国机构向 FinCEN 报告其受益人信息；其四，建立全新的反洗钱检举奖励机制，检举人凭借提供的一手信息最多可以得到处罚金额 30% 的奖励；其五，扩大美国司法部门对外国银行的传唤权力，可以要求在美国拥有代理行账户的外国银行提供任何一个面临特定调查的账户（包括在美国境外的账户）有关的记录，而不限于与美国代理行账户有关的记录，对不执行传唤的外国银行，将会进

---

① 参见 BSA Timeline.

② Anti-Money Laundering Act of 2020. 31 USC 5301 note.

行处罚甚至终止其与美国金融机构的代理行业务。

纵观美国反洗钱法律体系，已经形成了"五大支柱""三道防线"的格局。也就是说，一个完整的反洗钱制度体系，应该包括下面五个方面：一是内部政策、程序和控制措施的反洗钱制度体系。这个支柱体现的主要在业务部门，也就是第一道防线。二是有明确的合规职能部门及合规专员来负责反洗钱工作，这是第二道防线。三是对相关员工要进行持续的培训。四是要建立独立审计职责的内部审计部门，也就是事后监督，这是第三道防线。五是客户尽职调查（Customer Due Diligence，简称CDD）。尽管这一要求已经包含在反洗钱制度体系里的内部控制制度中，但金融行动特别工作组（FATF）特别看中CDD作为缓释反洗钱风险的关键手段。FinCEN在2016年的规定中提出了"第五大支柱"的概念，要求采取措施开展持续的客户尽职调查，将这一关键问题升级为反洗钱制度的支柱性内容。

2. 反洗钱刑事立法

洗钱犯罪与恐怖融资犯罪均已在美国实现了犯罪化，并且相关规定将上述两类罪名均细分为多种具体的罪名，形成了严密的洗钱与恐怖融资犯罪网络。

（1）洗钱犯罪

美国是世界上最早使用洗钱这一术语以及将洗钱行为犯罪化的国家。美国国会1986年通过的《洗钱控制法》明确将洗钱行为规定为犯罪，并将其汇编为《美国法典》第18编第1956节和1957节。这两节被视为美国反洗钱刑事立法的核心，从狭义角度讲的洗钱罪就是指这两节所规定的内容。根据《洗钱控制法》第1956节和第1957节的规定内容，洗钱是一个综合性的类罪名，包括了涉及犯罪收益的不同行为态样，其中第1956节是《洗钱控制法》的核心条款。具体而言，洗钱可以被细化为以下四个罪名：

《美国法典》第1956和1957节规定了4种不同类型的洗钱犯罪，即一般洗钱罪、跨境洗钱罪、在暗中打击行动中的洗钱罪和交易资金洗钱罪。

①一般洗钱罪（General Money Laundering），也称为"金融交易洗钱罪"（Money Laundering Involving Financial Transaction）。该罪规定在第1956节（a）（1）项中，所禁止的行为均为"金融交易本身"。具体而言，该罪是指行为

人在明知所进行金融交易的财产是"某些非法行为（some form of unlawful activity）"收益，却依然对于这些涉及"特定非法行为"的收益实施或企图实施金融交易的行为。该罪中所谓的"特定非法行为"实际上是指上游犯罪。具体而言，该罪包括了以下四种目的行为类型：第一，为了促进"特定非法行为"的实施而进行的金融交易；第二，为了实施《1986年国内税收法》第7201节（偷逃税）或第7206节（欺诈或虚伪陈述）所禁止的行为而进行的金融交易；第三，为了全部或部分地隐藏（conceal）或者掩饰（disguise）"特定非法行为"收益的性质、所在地、来源、所有权，或者控制该收益而进行的金融交易；第四，为了全部或部分地逃避州或联邦所规定的交易报告义务而进行的金融交易。

②跨境洗钱罪（Cross-Border Money Laundering），也称为输送货币工具洗钱罪（Money Laundering Involving the Transportation of Monetary Instrument），《美国法典》第18编1956节（a）（2）规定了跨境洗钱罪。该罪是指行为人从美国境内的某地到国外的某地，或者通过美国、国外的某地到美国境内的某地，实施或企图实施运输（transport）、传送（transmit）或者转让（transfer）货币工具（monetary instrument）或资金（funds）的行为。跨境洗钱罪包括以下三种目的行为类型①：一是第1956节（a）（2）（A）项规定的以资助特定非法活动为目的的跨境交易犯罪；二是第1956节（a）（2）（B）项规定的行为人明知所交易的对象包括非法所得，明知全部或部分交易是为了隐藏、掩饰上游犯罪的犯罪所得及其收益的性质、所在地、来源、所有权；三是，明知全部或部分交易是为了规避州或联邦所规定的交易报告义务而仍开展跨境交易的行为。

③在暗中打击行动中的洗钱罪（Money Laundering in the Context of an Undercover Sting Case）。所谓的"打击行动"（Sting operation），实际上是诱惑侦查的一种方式，允许政府执法部门在一定条件下收集所需的证据和从执业洗钱犯的嘴里获得所实施的洗钱计划，因此，打击行动能够节约人力和资源，在反洗钱中具有重要的意义。根据《洗钱控制法》第1956节（a）（3）项的

---

① 18 U.S. Code § 1956（a）（2）（A）and § 1956（a）（2）（B）（1）－（2）.

规定，该罪是指对于执法人员已声明（represent）是"特定非法行为"收益的财产，行为人却有意实施或企图实施金融交易的行为，其目的是促进"特定非法行为"的实施而进行金融交易；蓄意隐藏或者掩饰特定非法收益的性质、所在地、来源、所有权；蓄意逃避州或联邦所规定的交易报告义务。在暗中打击行动洗钱罪中，控方不但要证明行为人蓄意实施洗钱行为，而且必须证明被告必然实施这一行为，暗中打击行动只是为其提供了实施洗钱的一个机会。本罪中，行为人所清洗的资金在本质上并非犯罪所得，而是诱使者为获取洗钱犯罪的证据，伪装为犯罪所得的合法资金。

④货币交易洗钱罪（Money Laundering Involving Monetary Transaction），也称为"交易资金洗钱罪"（Spending Statute）。该罪规定在《美国法典》第1957节（a）项中，是指对于来自"特定非法行为"并且价值超过1万美元的犯罪财产，有意实施或企图实施货币交易的行为。①

关于洗钱罪的刑事处罚，对于第1956节所规定三个罪名处以50万美元以下的罚金，如果情节更严重，罚金的数额可以是交易财产价值的2倍，或者处以20年以下的监禁刑，也可以二者并处。至于第1957节所规定货币交易洗钱罪，除了规定援用第1956节所规定的罚金刑之外，还规定可处以10年以下的监禁刑，或者二者并处。② 另外，对于所清洗的收益还可以予以民事或者刑事没收。

根据洗钱犯罪的刑事条款，美国对洗钱犯罪享有广泛的域外管辖权。根据《美国法典》第1956节规定，美国对在世界任何地方的美国公民或非美国公民的洗钱行为（超过1万美元）都享有域外管辖权，只要犯罪行为至少"部分"（in part）生在美国。这里对"部分"的理解可以是向美国银行转账的行为。根据《美国法典》第1957节规定，美国对美国人（公民、居民和法人）和非美国人在美国境外发生的犯罪有管辖权，只要交易全部或部分发生在美国境内。某些外国犯罪也属于特定非法行为的范畴，包括毒品犯罪、雇佣谋杀、纵火、外国公共腐败、外国银行欺诈、武器走私、人口贩运以及受

---

① 18 U. S. Code § 1957（a）.
② 18 U. S. Code § 1956（a）（1）（B）（ii），18 U. S. Code § 1956（a）（2）（B）（ii）and § 1957（b）（2）.

与美国的多边引渡条约管辖的任何犯罪。一般而言，BSA 没有域外管辖权。然而，BSA 对货币服务企业（Money Service Businesses，简称 MSB）的要求也可以适用于那些虽然没有在美国境内，但是该企业"全部或部分在美国"开展业务，例如，大量美国客户或资金转移接受者在美国。

（2）恐怖融资犯罪

美国的恐怖融资犯罪包含了五种类型[①]：一是故意向恐怖组织或恐怖活动提供或收集资金；二是明知属于向恐怖组织或恐怖活动提供或筹集的资金、资源或收益而掩盖或隐藏其性质、地点、来源、所有权或控制权；三是明知属于将被用于准备或实施某些与恐怖主义有关的上游犯罪而对其性质、地点、来源、所有权进行隐瞒或伪装；四是明知其为外国恐怖组织仍为其提供物质支持或资源；五是有意与特别指定的全球恐怖分子进行金融交易（包括提供或接受资金、物品或服务等）。上述五项恐怖融资罪行囊括了任何人有意直接或间接实施提供或筹集任何形式的资金以实现其非法意图，或将上述资金用于实施恐怖行动或为恐怖组织及恐怖分子所用，即便相关恐怖行动尚未成功实施。

上述五种恐怖融资行为中，有意与特别指定的全球恐怖分子进行金融交易的行为将面临最为严峻的刑罚，以及单处或并处最高 20 年监禁或高达 100 万美元罚金，而对于其他行为则可单处或并处最高 20 年监禁或 25 万美元罚金，但若相关行为造成死亡的结果，则将面临终身监禁。

3. 反洗钱行政立法

美国拥有庞大而复杂的金融体系，除了银行之外，证券行业、货币服务行业都对其洗钱与恐怖融资薄弱环节以及应当履行的义务有所了解，并逐步完善其反洗钱与反恐怖融资预防体系。

（1）反洗钱监管体系

根据《银行保密法》等反洗钱法律的规定和授权，美国具有反洗钱监管职能的机构包括财政部、司法部、税务总署、邮政总局、海关总署、烟酒和枪支专查局、毒品管制局等。其中核心监管部门主要是隶属于财政部的金融

---

① 18 U. S. C. § 2339c（a）.

犯罪执法网络。

当前，反洗钱（Anti-Money Laundering，简称 AML）、打击恐怖主义融资（Combating the Financing of Terrorism，简称 CFT）和客户尽调（Know-Your-Customer，简称 KYC）已成为美国当前金融机构监管的重点领域。美国政府中主要负责 AML、CFT 和 KYC 相关监管的部门是财政部下属的 FinCEN。FinCEN 从 AML、CFT、KYC 三个不同方面打击美国境内和境外金融犯罪，但这三者又有着密不可分的联系。一方面，AML 措施针对的对象之一就是恐怖主义融资服务，而 CFT 非常重要的方法就是实施强有力的 AML 措施。因此，广义的 AML 通常同时包括这两方面。因此，下文中用到 AML 一词时，皆指 AML 和 CFT。另一方面，AML 措施其中一个重要的方面是 KYC。因此，我们可以看到一些 AML/CFT 方面的规范同时包含直接或间接的 KYC 要求，但广义的 KYC 又不仅仅是为了反洗钱，故上述三者的监管范围既有重叠又有各自覆盖的领域。

（2）反洗钱与反恐怖融资义务主体范围

在银行业，联邦金融机构检查理事会颁布的《银行保密法（FFIEC/BSA）手册》为履行反洗钱与反恐怖融资要求提供了指引。赌场业作为特定非金融领域中的高风险行业，实施了较为健全的反洗钱与反恐怖融资预防措施，但其他特定非金融主体均尚未覆盖全面的反洗钱与反恐怖融资框架。实际上，美国对于金融机构与特定非金融机构并未作出明确的划分，而是将任何存在现金交易并存在刑事、税务等监管高风险领域的机构均划入金融机构的范围，以实现对其统一监管。

《爱国者法案》中所指的金融机构包括存储机构（如零售银行、商业银行、私人银行、信用合作社、储蓄所和储蓄机构），金融服务商（Money Service Business，MSB）。例如，汇票或旅行支票的发行人或卖家、支票兑换商、预付费服务提供商或卖家、货币兑换商，大宗商品、共同基金、保险公司等领域的经纪商、期货商（Futures Commission Merchant，FCM）以及介绍经纪商（Introducing Brokers，IBs）等。而《银行保密法》中则对金融机构的定义更为广泛，列举了 26 类实体，还包括了部分非金融主体，例如，旅行社、博彩业和房地产交易等。①

而在特定非金融主体中仅赌场和贵重金属与宝石交易商需要承担全面的反洗钱与反恐怖融资义务，金融犯罪执法网络对于应当履行报告义务的金融机构的定义实际上包括了赌场、纸牌俱乐部等博彩行业②，贵重金属与宝石交易商也在金融机构的归类之下。③ 同时，依据相关规定，贵重金属与宝石交易商是指从事购买或销售超过 50000 美元的人员。④ 尽管近年来针对其他特定非金融主体（如律师）也提出了反洗钱与反恐怖融资要求，但此类主体尚未形成系统的预防措施，所需履行的义务与其风险程度明显不符。⑤

（3）法律责任

违反《银行保密法》的后果非常严重。金融犯罪执法网络对违法者可向法院申请禁令、提起民事或刑事诉讼，实施包括罚款、罚金、监禁等民事、刑事处罚。

4. 反洗钱与反恐怖融资国际合作

美国在国际合作方面，展现出了积极的态度，对于其他国家提出的司法协助、引渡、金融情报、监管、执法等各种形式的国际合作请求均予以及时回应。美国司法部国际事务办公室（DOJ-OIA）负责执行或监督外国司法协助请求的执行。对于强制措施，如限制、扣押和没收等，美国主要通过两种互补排斥的方式进行：一是代表外国当局采取相关措施以推进外国的资产没收程序；二是作为刑事案件或非定罪的没收程序的一部分实施自己的没收行动。管理大量的国际合作请求对美国而言是一大挑战，司法部国际事务办公室建立了电子案件管理系统对案件进行初步审查，以确定请求的优先次序，尤其是严重犯罪的案件，而洗钱与恐怖融资均属于应优先处理的严重案件，

---

① U.S.C. § 5312（a）（2）（A-Z）.

② FinCEN 对金融机构的定义，主要包括以下行业：银行；证券经纪人或交易商；货币服务业务；电报公司；赌场；纸牌俱乐部以及受任何州或联邦银行监管机构监管的人.

③ 注：虽然 FinCEN 在对金融机构的定义中并未包含贵重金属与宝石交易商，但是将贵重金属与宝石交易商归类于金融机构项下.

④ FINACIAL CRIMES ENFORCEMENT NETWORK. Anti‑Money Laundering Programs for Dealers in Precious Metals，Stone，or Jewels［EB/OL］.（2013-06-01）［2021-07-20］.

⑤ FATF. Anti‑money laundering and counter‑terrorist financing measures Mutual Evaluation Report［R］. United States，2016.

通过这一保障方式能够及时提供司法协助。

由于美国自身在跨国有组织犯罪、上游犯罪发生于国外的洗钱罪以及作为全球金融体系的中心角色，国际合作在美国打击洗钱和恐怖融资犯罪中具有突出且核心的作用。① 因此，美国也向其他国家、地区积极寻求适当的援助以调查具有跨国因素的上游犯罪、洗钱犯罪和恐怖融资犯罪。截至 2015 年 7 月，美国在约 2400 件刑事案件中需求司法协助，其中 1542 件与洗钱、恐怖融资以及资产没收相关。② 为了更好地寻求国际合作，美国建立了一个广泛的全球联络网，其中包括执法机构、司法部以及金融犯罪执法网络所派出的随员，在必要时由他们负责代表美国寻求不同领域的国际合作。金融犯罪执法网络在洗钱与恐怖融资领域扮演着国际合作的重要角色，利用埃格蒙特集团的程序，以自己的名义或国内有关当局的名义交换金融情报。

除此之外，美国活跃于各大反洗钱组织并主导反洗钱工作的开展，1990年美国加入 FATF，同时还成为亚太反洗钱组织的成员国，并以观察员的身份参与欧亚反洗钱和反恐融资组织（EAG）、东南非洲反洗钱工作组（ESAAMLG）、西非政府间反洗钱组织（GIABA）、中东和北非反洗钱金融行动特别工作组（MENAFATF）、中非地区反洗钱与反恐怖融资组织（GABAC）、拉丁美洲金融行动特别工作组（GAFILAT）、反洗钱和反恐怖融资评估专家委员会（MONEYVAL）等区域性反洗钱国际组织的活动。美国的金融犯罪执法网络也是埃格蒙特集团的成员，充分运用埃格蒙特集团的渠道开展金融情报交流。

美国在全球金融领域的主导地位以及高发的犯罪率与恐怖主义威胁，使其面临着严峻的洗钱与恐怖融资挑战，因而拥有较为丰富的反洗钱与反恐怖融资实践经验。美国的反洗钱与反恐怖融资制度体现了三大主要优势：第一，对"风险为本"的充分贯彻。首先，无论是美国当局还是各义务主体均对洗钱与恐怖融资风险有深刻的理解，这是落实"风险为本"的前提；其次，在对风险有所认知的情况下，监管机构与高风险义务主体实施以风险为依据实

---

① FATF. Anti－money laundering and counter－terrorist financing measures Mutual Evaluation Report ［R］. United States，2016.

② FATF. Anti－money laundering and counter－terrorist financing measures Mutual Evaluation Report ［R］. United States，2016.

施相应举措，将监管资源以及预防举措集中于高风险领域，以实现对资源利用的最大化。第二，金融情报的高度集中。所有可疑交易报告以及其他强制要求提交的报告均由 FinCEN 进行统筹处理，从而保障其他执法机构信息获取的全面性与便捷性，相较于美国，我国金融情报中心由三大部分组成的特点则会导致信息获取的完整性与时效性受到限制。第三，信息处理的高效性。如上文所述，无论是金融情报处理还是国际合作请求处理，美国都面临着对海量信息有效甄别的考验。因此，美国也展现出了在信息处理中的卓越能力，通过信息化处理对信息进行初步筛选，区分优先级的方式，极大地提高了信息处理的效率。

除了优势之外，美国在特定非金融领域的反洗钱与反恐怖融资的匮乏是其重大缺陷之一。首先，对于除赌博业以及贵重金属与宝石交易商以外的特定非金融领域机构尚未形成专门的反洗钱与反恐融资监管；其次，美国对于金融机构和特定非金融主体并未作明确区分，《银行保密法》等反洗钱重要法案中均将部分非金融领域笼统地归入金融领域的范畴，这将导致特定非金融领域的有关措施缺乏针对性与行业特色。

（三）加拿大反洗钱立法考察

根据本国的特点和有关国际公约的要求，并且通过独特的立法技术，加拿大设计了自己的反洗钱刑事法律体系。早在 1988 年，加拿大议会通过了《犯罪收益法》，并且把相应的条文增加到《加拿大刑法典》中。后经过发展，加拿大在 2000 年通过了《犯罪收益（洗钱）和恐怖融资法》，取代了《犯罪收益法》。不久，议会在 2001 年又通过了《有组织犯罪修正案》，将其中涉及反洗钱的内容反映在《加拿大刑法典》之中。目前，加拿大打击洗钱活动的法律主要包括《加拿大刑法典》和《犯罪所得（洗钱）与资助恐怖主义法案》（*The Proceeds of Crime Money Laundering and Terrorist Financing Act*，简称 PCMLTFA）。从一定意义上说，通过这些法律和修正案，加拿大将与洗钱紧密联系的犯罪收益之立法有机地确定在《加拿大刑法典》之中。①

---

① HUBBARD R, MURPHY D, DONNELL O F, et al. Money Laundering and Proceeds of Crime [M]. Irwin Law Inc, 2004: 79.

1. 反洗钱刑事立法

《加拿大刑法典》第 462.31 条第（1）款规定洗钱是一种犯罪："在知晓所有或部分财产或所得取自于、直接或间接来源于以下几种情形的前提下，为了隐瞒或转换财产或所得，以任何方式和途径使用、转移所有权、邮寄、交付至任何人或任何地点、运输、传送、变更、清除或以其他方式处理上述财产或所得的行为都是犯罪行为：a. 加拿大境内的企业刑事犯罪或特定药品犯罪；b. 在任何地方的行动或过失，若发生在加拿大，会构成企业刑事犯罪或特定药品犯罪。"此外，《加拿大刑法典》第 462.47 条免除了向执法部门提供可疑交易信息的人关于信息披露的民事和刑事责任。

2019 年 6 月 21 日，《加拿大刑法典》修正案已正式生效，本次修正案对洗钱活动的调查和执法将产生巨大影响。修正案涉及《加拿大刑法典》第 462.31 条关于清洗犯罪收益的犯罪（洗钱罪）。第 462.31（1）小节修正如下："任何人以任何手段或任何方式使用、转让、传送或交付给任何人或交付到任何地点、运输、传输、更改、处置或以其他方式处理任何财产或任何财产的收益，意图隐藏或转换该财产或该收益，并且知道或认为抑或是莽撞的，则不论全部或部分该财产或因直接或间接获得的该财产的收益是否为……的原因，都将构成犯罪。"通过添加"莽撞的……则不论……是否"（or being reckless as to whether）的话语，该条的修正案为洗钱罪增加了"莽撞的"这种可能的心理因素。这一措辞使得执法机关在可以证明该行为是莽撞的，则不论获得或取得财产的行为是否与"特定的上游犯罪"有关（该术语包含了大多数可被起诉的犯罪，包括腐败犯罪）的情况下，就可以确立刑事犯罪。从本质上来说，如果个人意识到了该财产有可能是犯罪所得的风险，但面对这种风险时，仍继续进行不被允许的行为，现在就可能会构成洗钱罪。

这项修正案背后的立法意图可能是要捕获职业型的洗钱者，但其产生的效果会使任何会引起怀疑的和具有潜在问题表象的交易都有可能被调查。如果忽略了这种问题，并且还不进一步进行调查并果断将该商业交易贴上危险的标签，则会为不太可能引起关注的潜在刑事风险打开大门。

不过，"莽撞的行为"并不是刑法中的新概念。加拿大最高法院多次指出，按照既定的刑事责任确定原则，如果"莽撞"成为构成刑事犯罪意图的要素，必须具有主观的因素。如果一方意识到他们的行为可能导致不被允许的后果，但仍冒着风险继续进行的话就会被认为是莽撞。从本质上来说，就是看到风险但仍然冒险的人就满足该条件。从这个意义上讲，"莽撞"一词在刑法范围内使用，明显区别于民事过失的概念。"莽撞"也与"故意忽视"不同，后者能够替代明知。莽撞是知道危险或风险的存在，但仍在有可能会导致不被允许的后果的情况下继续冒险行事，而故意忽视是指当一个人已经意识到需要进行调查时，仍有意拒绝调查，因为他们不想知道真相。莽撞的过错在于其意识到了风险的存在但仍冒着风险继续行事，而在故意忽视中，必须能够证明个人具有知道有理由需要进行调查，但故意不展开调查的过错。

立法变化的真正且实际的关切是任何被确定为"莽撞"发生的财产转移都可能使交易升级为对于洗钱罪的指控。值得注意的是，只要将一种形式的财产转换成另一种形式就构成了洗钱罪的犯罪意图（例如，将一种货币转换成另一种货币），而不是对来源进行伪装或隐藏。"隐藏"和"转换"这两个词并不是同义词，隐藏意味着要藏起来，但转换具有更广泛的含义，它意味着改变或转变。立法使用含义更广泛的"转换"一词，以规定洗钱罪名可以通过简单的货币兑换来确立，例如，将加元兑换成外币。换句话说，虽然洗钱的目的是伪装资金的来源，但这种伪装通常只需通过货币兑换来实现。为了禁止通过简单的货币兑换来实现洗钱行为，立法使用了"转换"一词。

2. 反洗钱行政立法

加拿大在 2000 年 6 月 29 日通过了《犯罪收益（洗钱）和恐怖融资法》（PCMLTFA），取代了 1991 年的《犯罪收益（洗钱）法》。2018 年 6 月，加拿大议会和监管机构对 PCMLTFA 及其法规进行了修订，使加拿大的反洗钱和反恐怖主义融资制度符合金融行动特别工作组（FATF）的标准。经过多轮磋商后，这些建议得到了修订。2019 年和 2020 年，PCMLTFA 进行了多项修订。其中，2020 年 6 月 1 日生效的修改内容主要涉及对加密货币和虚拟货币交易的加强监管与交易报告义务；2021 年 6 月 1 日生效的修改内容则涉及客户尽职调查、可疑交易报告以及房地产、赌场、预付款支付、电子转账、政治公众人物的反洗钱监管。

可以看出，加拿大反洗钱刑事立法的体系可以分成两个部分：（1）刑事立法。这体现在加拿大刑法典之中，规定了清洗犯罪收益和持有犯罪所得财产的罪状和法定刑。但是，加拿大这种刑事立法的实现，是通过刑法典增设和反映在《犯罪收益法》和《有组织犯罪修正案》中涉及洗钱的条款而确立的。（2）预防性的立法。这主要体现在具有综合性反洗钱法性质的《犯罪收益（洗钱）和恐怖融资法》，其中对于个人和实体明知而违反或不履行预防义务的行为设置了"不履行记录保存义务罪"，以便推动洗钱防范机制的建立和完善。

（四）新加坡反洗钱立法考察

新加坡是东南亚的城市岛国，其所处的地理位置是世界的十字路口，得天独厚的地理条件使其蓬勃发展成为世界上重要的商业、金融、运输、通信、旅游中心，也获得过"亚洲四小龙"的美誉。与此同时，新加坡的民族文化也有与中国高度相似的地方，因此，对于新加坡的相关制度研究对我国大有裨益。

1. 反洗钱刑事立法

新加坡政府在监测、打击国内的洗钱和恐怖主义融资犯罪活动上始终保持积极的态度，并制定了一系列的法律法规赋予其周密的法律框架。

（1）洗钱犯罪

新加坡针对洗钱犯罪的主要立法是《腐败、贩毒和其他严重犯罪（利益没收）法》[*Corruption, Drug Trafficking and Other Serious Crimes (Confiscation of Benefits) Act*，CDSA，简称《利益没收法》]①。在《利益没收法》第43、44、46、47和47AA等小节中可以找到相关的洗钱犯罪规定。尽管这些条款本身并未明确使用"洗钱"这一词对此类犯罪行为定性，但上述条文将全部或部分、直接或间接涉及毒品与犯罪行为（ML Proceeds）的财产交易刑事犯罪化。

首先，《利益没收法》第46条和47条对自然人获取、拥有、使用、隐藏或转移犯罪所得收益（洗钱的对象）施加了严格的责任，主要从以下三个层面进行打击：隐瞒或伪装其犯罪所得；转换或转让其犯罪所得收益或将此收

---

① 新加坡政府法律法规网.利益没收法.［2021-07-30］.

益转移出新加坡的司法管辖区；获得、拥有或使用了犯罪所得收益。

而在《利益没收法》第 47AA 条中增加了一补充规定，即拥有或使用任何公诉机关有合理可能怀疑为犯罪所得收益的财产的行为也是洗钱犯罪。同时，《利益没收法》第 43 条、44 条规定了协助他人持有犯罪收益的两个罪名：协助他人或代他人保留或控制其犯罪所得，无论是通过隐瞒、转移出司法管辖区、转移给资产的名义持有人（nominees）还是其他方式；以直接或间接的方式来支配该资金，确保他人的犯罪所得收益之安全；通过投资等方式利用他人的犯罪所得收益谋求利益；任何从事或曾经从事毒品交易、犯罪行为，或从毒品交易、犯罪行为中受益的人。

其次，新加坡的洗钱犯罪有着广泛的上游犯罪打击面，具体而言有以下两个维度。第一类上游犯罪类别是"毒品交易犯罪"，列于《利益没收法》的附表一中。① 第二类上游犯罪是"严重犯罪"，列于《利益没收法》附表二中。② 并且，新加坡所规定的上游犯罪还包括外国毒品交易或外国的严重犯罪（违反外国法律的犯罪行为），如果该犯罪行为发生在新加坡主权领域内，也将构成《利益没收法》第一或第二附表所列出的犯罪。③

最后，《利益没收法》对洗钱犯罪也规定了相应的法定刑。违反第 43、44、46 和 47 条项下的洗钱犯罪，对于自然人，最高可处罚金 50 万新元，并处或单处 10 年监禁刑；对于法人及其他组织最高可处罚金 100 万新元或毒品交易、犯罪行为所涉利益的两倍，二者从其重。对于违反《利益没收法》第 47AA 条项下的洗钱犯罪，对于自然人最高可处罚金 15 万新元，并处或单处 3 年监禁刑；对于法人及其他组织最高可处罚金 30 万新元。

（2）恐怖融资犯罪

新加坡打击恐怖融资犯罪的基本法律是《打击恐怖融资法》［Terrorism（Suppression of Financing）Act］。④ 其具体规定主要是：

①在明知或有合理理由相信某资产或服务将用于涉恐怖主义行为，或使

---

① CDSA FIRST SCHEDULE Drug dealing offences.
② SECOND SCHEDULE Serious offences.
③ CDSA Sections 2（1）.
④ TERRORISM（SUPPRESSION OF FINANCING）ACT.［EB/OL］.［2021-07-30］.

任何恐怖分子或恐怖主义实体（entity）受益之时，任何人均不得提供、使用、拥有或收集此财产，或提供任何金融或其他相关服务。

②所有人不得交易任何涉恐怖分子的财产。交易包括参与或促进与此类财产相关的物理交易或任何金融交易；提供与此类财产相关的任何金融服务及其余相关服务；知道或有合理（理由）知道该财产属于恐怖分子或恐怖主义实体，其中包括从恐怖分子或恐怖主义实体拥有或控制的财产中获得的收益。

以上"财产"主要是指：各种资产，无论有形或无形、动产或不动产，该财产的获取方式则在所不问；相关的所有权法律文书，包括实物所有权与数字资产、虚拟资产所有权，此项财产包括但不限于信用卡、差旅支票、银行支票、汇票、股票、证券、债券、汇票和信用证等。① 对于违反以上禁止性行为的自然人最高处罚金 10 万新元，并处或单处 10 年监禁刑；法人或其他组织最高处罚金 10 万新元。

2. 反洗钱行政立法

作为亚洲的金融中心之一，新加坡享有高度开放与发达的金融体制。根据 FATF 的评估报告而言，新加坡的金融机构与特定非金融机构对于其境内的资金非法流动风险有充分的了解与完备的预防措施。但是，在跨境交易的非法资金流动面向上仍有欠缺，并且针对海外腐败的规制远未达理想状态。相较于金融机构而言，特定非金融机构的预防措施仍有相当大的提升空间，尤其是在反恐融资领域，特定非金融机构通常只考虑现实的风险，并未充分发挥其预防机制。在具体的预防措施上，FATF 的评估报告表明新加坡的金融机构在客户尽职调查、记录保存和政治公共人物特定要求等领域均达到较高水准，且远胜于新加坡的特定非金融机构的表现。

（1）反洗钱与反恐怖融资义务主体

新加坡的《新加坡金融管理局法案》（*Monetary Authority of Singapore Act*）对反洗钱与反恐融资语境下的金融机构作出列举式的详细规定，主要包括银行、商业银行、财务公司、货币兑换商、汇款代理、保险公司、保险经纪人、

① TERRORISM（SUPPRESSION OF FINANCING）ACT Sections 2 (1).

资本市场中介机构、信托公司、财务顾问、中央托收公司（The Central Depos-itory Pte Ltd，CDP）、储值工具持有者（Stored Value Facility Holders）、证券公司、期货公司、保险中介、金融控股公司、信用卡业务及签账卡业务经营者等。① 该法案的严苛之处在于纵使是依据其他法律而获得许可、批准、注册或监管的主体，或根据相关法律获豁免获得许可、批准、注册或监管的主体也需要受到来自《新加坡金融管理局法案》的规制。②

关于特定非金融领域机构，新加坡的义务主体也不可谓不完善，主要包括赌场经营者、企业服务提供商、宝石及贵金属经销商（PSMD）、地产中介及其员工、法律从业者、放债者、支付服务提供商（PSP）、典当行、专业会计师及专业会计师事务所（包括公共会计师及会计实体）、信托服务提供商（TSPS）。

（2）法律责任

对违法的预防义务主体，《利益没收法》等法律规定了最高可至监禁刑的刑事责任。

3. 反洗钱与反恐怖融资国际合作

身为亚太金融中心，新加坡积极提供一系列国际合作渠道，包括司法协助、引渡等。FATF 的评估认为，新加坡的国际司法援助质量极佳，并可支持复杂的跨国调查。例如，截至 2015 年 12 月，新加坡共收到 16 份司法互助请求，其中 11 份请求均已执行完毕。在新加坡，所有司法互助（MLA）和引渡请求均由指定的中央机构总检察长办公室（AGC）国际事务部（IAD）负责协调。在司法互助的电子化及操作流程标准化上，新加坡的电子案件管理系统彰显了卓越的实践效能。新加坡的国际司法协助主要基于《刑事事项互助法》（MACMA），并且也可以在双边协议、东盟多边协议条约和互惠基础上向另一个国家提供多边协议。

FATF 的评估报告显示，新加坡在反洗钱与反恐融资方面最主要的问题是对他国请求执行的时效性上，某些司法互助请求的履行可能需要长达 2~3 年

---

① 此处仅为大类列举，如证券/期货公司还包括相关法律规定的存储库、持牌外贸存储库、经批准的清算所、认可的清算所或资本市场服务许可证持有人等.

② Monetary Authority of Singapore Act Sections 27A（6）（7）.

的时间跨度。并且新加坡对于他国请求的材料要求之标准过于严苛，也在一定程度上延宕了司法互助流程。同时，新加坡在可以交易报告的信息共享层面上仍存有相当的局限性，应朝高风险国家/地区开放的方向继续努力，提高国际维度上反洗钱与反恐融资信息的开源程度。

除此之外，新加坡于 1992 年肇始便是 FATF 的会员国成员，也是亚太反洗钱组织（AGP）的一员。作为金融中心，新加坡始终活跃在国际反洗钱舞台上，为国际金融安全建设添砖加瓦。

新加坡拥有高度发达和复杂的反洗钱与反恐融资协调机制，相关机构高度参与、共同应对可能出现的风险与犯罪。对法律、秩序和执法的重视也是新加坡闻名遐迩的国家文化之一，这使得新加坡在对洗钱与恐怖主义融资犯罪的预防上构建了高效的规制机制，采取了一系列的措施来预防相关的风险。与此同时，新加坡积极地对境外与跨国的上游犯罪进行识别，提高了本国的风险认知能力。然而令人遗憾的是，除了涉及洗钱公司与空壳公司的电汇欺诈外，新加坡对于跨国案件的起诉数量甚少，对于境外犯罪所得收益的没收上也表现欠佳，这在一定程度上妨碍了新加坡理解与其地理位置和全球金融中心地位相关的固有反洗钱与反恐融资风险的能力。但是，不可否认的是，新加坡依旧是世界上对于洗钱犯罪与恐怖融资犯罪的打击规制程度上名列前茅的国家。

（五）泰国反洗钱立法考察

泰国地处东南亚地区，长期以来饱受毒品问题的困扰，而随着毒品的运输、交易问题衍生而来的将毒品犯罪所得收益合法化的行为，即泰国反洗钱工作最早的规制对象。但泰国的反洗钱工作并非仅涉及毒品犯罪，在泰国博彩业、卖淫，与卖淫息息相关的贩卖人口都有可能成为洗钱罪的上游犯罪。在恐怖主义方面，泰国面临来自国内恐怖组织的威胁，尤其是在南部边境省份活动的恐怖组织。同时，泰国也面临着跨国恐怖主义的考验，包括东南亚国家恐怖主义分子。

1. 反洗钱刑事立法

泰国 1999 年《反洗钱法》中明确规定了洗钱犯罪，恐怖融资犯罪的相关内容则规定于《反恐怖融资法》中，2016 年该法进行了修订，加入了反扩散融资的相关内容。除此之外，泰国《刑法》也对洗钱罪和恐怖融资罪有所涉及。

（1）洗钱犯罪

泰国《反洗钱法》中对洗钱罪行为的定义如下：为了掩盖或者隐瞒与犯罪有关的资产来源，或者在犯罪前后转让、接受或者转换与犯罪有关的资产，协助他人逃避刑事责任或者对减轻上游犯罪的处罚的；以任何方式对与犯罪或者获取权利有关的资产的真实性质、取得、来源、所在地、分配或者转让进行隐瞒或者掩饰的；取得、占有或使用资产，并在取得、占有或使用时知道该资产与上游犯罪有关。①

而对于上游犯罪，泰国采用的是尽量全面的列举式规定，并且此犯罪圈通过《反恐怖融资法》《反人口贩卖法》《反参与跨国有组织犯罪法》等逐步扩大。

《反洗钱法》中规定的洗钱犯罪上游犯罪的甄别范围不仅包括泰国境内，也适用于发生在泰国境外的犯罪行为。具体而言有以下三个条款：犯罪者或共同犯罪者是泰国国民或在泰国居住；犯罪者是外国人，并已采取行动在泰国实施犯罪，或意图在泰国国内造成某些不利后果，或者泰国政府是受害方；符合双重犯罪原则的外国人犯罪，且未根据《引渡法》被引渡并出现在泰国主权范围内的罪犯。同时，泰国也明确了其"与犯罪有关的资产"的定义。简而言之，主要涉及犯罪资金或财产本身以及其孳息，而不论该资金或财产转手的次数。

此外，泰国对反洗钱行为的规制还存在于诸如《刑法》《泰国银行法》《商业银行法》《政府房地产银行法》《中小企业法》《合作社法》《麻醉毒品法》《证券交易法》等一系列法律中，如果行为人触犯了上述法律中关于洗钱行为的部分，亦适用《反洗钱法》进行打击和规制。

（2）恐怖融资犯罪

泰国在《反恐怖融资法》颁布之前主要适用《刑法》关于资助恐怖主义活动的规定。泰国《刑法》将获取或筹集财产以实施恐怖主义犯罪予以犯

---

① 泰国《反洗钱法》第5条.

罪化。①

《反恐怖融资法》之下的恐怖融资犯罪则更为具体，包括任何以用于参加恐怖主义活动的组织或个人为目的，通过任何方式提供或收集资金或进行金融或资产交易或经营的行为。

2. 反洗钱行政立法

泰国关于反洗钱与反恐怖融资义务主体及预防洗钱措施的相关内容主要规定在《反洗钱法》《企业经营法》《证券交易法》《公司法》《中小型企业基金公司法》《人寿保险法》《伤亡保险法》《合作社法》《数字资产法》（*Digital Asset Act*）中。

（1）反洗钱与反恐怖融资义务主体范围

泰国《反洗钱法》列举了金融领域的反洗钱义务主体，分别包括：商业银行、金融业务和信用担保公司证券业务和信贷信用业务公司、证券公司、工业基金、中小型企业基金公司、人寿保险公司、伤亡保险公司，合作社②、从事与金融有关的非银行业务的法人。③

2017年亚太反洗钱组织的评估报告显示，2007年之前泰国尚未对任何特定非金融行业的义务进行规定。此后，泰国对《反洗钱法》进行了多次修订，将客户尽职调查之义务扩展至房地产交易人、贵金属与宝石交易商、汽车交易商以及古董交易商。但是关于会计、律师、公证人、审计人员、其他独立法律专业人员以及信托和公司服务提供商的相关反洗钱义务与反恐怖融资义务仍属空白，相比国际标准，泰国于此处仍有很大的提升空间。

（2）新型洗钱领域及其预防

泰国是亚洲首批专门针对加密货币和数字资产颁布立法的司法管辖区之一。2018年泰国出台了《数字资产法》，成为规范数字资产和其他涉及数字资产的商业活动的主要立法。这部法案中对于金融机构了解客户的义务也有

---

① Penal Code, Section 135/2.

② 仅限于具有以下条件的合作社：总股本超过200万泰铢的运营资本与接受存款、贷款、抵押、典当或以任何方式获取金钱或资产有关的经营目标的合作社；抵押、典当或以任何方式获取金钱或资产有关的经营目标的合作社．

③ 泰国《反洗钱法》第3条．

所涉及。2019 年，FATF 在其更新的指导方针中指出，虚拟资产服务提供商应遵守反洗钱和反恐融资的规定，以及遵守尽职调查的注册和监控，为了更加契合国际标准，泰国规定所有数字货币卖方都必须在法律生效后的 90 天之内在泰国证券交易为委员会进行登记。未经泰国证交会授权的数字代币卖家将被处以不超过数字货币交易价值的 2 倍或至少 50 万泰铢的罚款，此外，还可能面临长达 2 年的监禁。并且财政部和证交会现在要求所有数字货币交易方，包括数字资产交易所和经纪商等都必须在相关部门进行登记，以便主管当局更好地进行监管。

（3）法律责任

泰国《反洗钱法》第 62 条规定的制裁适用于不遵守内部法规和相关通知中更广泛的义务的情况，而法律规定的制裁金额约为 28571 美元+285 美元/天的罚金。亚太反洗钱组织的评估报告认为，这个数额远达不到立法者所期待的理想效果。并且，反洗钱与反恐怖融资义务主体若未忠实履行相关法律所确立的客户尽职审查等义务，也有可能招致相关的行政制裁，如罢免相关工作人员等以强制其履行合规义务以及一定数额的罚款等。①

3. 反洗钱与反恐怖融资国际合作

泰国开展国际合作的基础性法律文件主要包括以下几项：1929 年《引渡法案》《双边引渡程序条约》、1992 年《刑事互助法案》、2004 年《刑事司法互助条约》《刑事互助双边条约》、与洗钱有关的金融情报交换谅解备忘录、《联合国公约》。

美国驻泰国大使馆也为泰国的反洗钱工作提供了技术援助，开展了一系列的执法合作。而且国际货币基金组织、亚洲发展银行、世界银行、英国慈善委员会、澳大利亚交易报告与分析中心均对泰国的反洗钱工作的开展提供了一定形式的援助，且泰国也是亚太反洗钱组织的成员国之一，在亚太范围内与其他成员国开展了广泛的合作与交流。泰国身为东盟成员之一，也与东盟其他成员在预防和抵制毒品走私等事项上开展了广泛的合作，如东盟批准和通过的《东盟跨国有组织犯罪宣言》。

---

① 泰国《电子交易法》.

泰国作为东南亚发展中国家，其反洗钱与反恐怖融资框架独具自身特色。虽然在预防措施与监管方面均存在一定的薄弱环节，但形成了强有力的反洗钱与反恐怖融资政策协调机制，以推动反洗钱与反恐怖融资相关制度的改革。此外，泰国颇具前瞻性地出台《数字资产法》以应对各类新型虚拟货币所带来的犯罪风险。这也是在虚拟货币盛行的当下，我国应当积极关注与应对的重要风险领域。

（六）英美法系部分国家的启示与借鉴

英美法系国家的反洗钱立法开展较早，处于世界领先水平。在反洗钱刑事立法方面，洗钱罪名体系较为完善，上游犯罪宽泛，洗钱行为规定详尽；在反洗钱行政立法方面，反洗钱义务主体多元化，配套的洗钱犯罪预防和反洗钱监管制度较为完善；在反洗钱国际合作方面，活跃于各大反洗钱组织，拥有较为丰富的反洗钱与反恐怖融资实践经验。

1. 英国的启示与借鉴

首先，英国反洗钱工作机制的一大特色就是反洗钱情报中心设在司法机构——国家打击犯罪局，信息收集全面，成果运用率高。主要特点为：一是英国金融情报中心内设在国家打击犯罪局内经济犯罪指挥中心，该中心负责收集、分析和调查与犯罪收益、恐怖融资有关的可疑行为报告，并为监管机构、执法部门等提供信息服务；二是金融情报中心向相关部门开放，如税务、海关总署在该中心派驻了情报分析团队，分析可疑行为报告并将分析结果用于税务犯罪调查；三是注重情报分析和交换，情报信息利用率高，为了加强金融行业与执法机关之间交换和分析金融情报，提升金融情报的利用效率，确保可疑交易报告体系的有效运行，英国成立了可疑交易报告委员会和联合反洗钱情报小组。联合反洗钱情报小组成员包括政府部门、执法部门以及英国10家大型商业银行。小组成员共同商议确定可疑行为报告标准，并就特定线索定期开会研究，最终分析结果供执法部门使用。由于在情报分析阶段执法部门全程参与，从发现可疑交易线索到调查、起诉、资产没收的整个执法过程大大缩短，从而能够对洗钱犯罪实施高效精准打击。联合反洗钱情报小组自设立以来强化了金融行业与执法机关之间交换和分析金融情报的工作机制，运行成果得到各方高度认可。同时，为堵塞监管漏洞并防止监管扯皮，从立法层面上，对多重监管和协调配合事宜制定规则。从实践层面上，英国通过组建反洗钱咨询委员会强化日常监管协调，定期召开反洗钱机构论坛，定期开展内外部评估等多项措施，实现了反洗钱协调工作的低成本和灵活高效（见表4-1）。

表 4-1　英国反洗钱组织架构

职能性质	部门
政策及协调部门	财政部（HM Treasury）等部门
监管部门	金融行动监管局（FCA） 税务海关总署（HMRC） 英国反洗钱行业自律组织
执法部门	警察部门（Police） 税务海关总署（HMRC） 国家打击犯罪局（NCA） 皇家检控署（CPS） 资产没收局（ARA）
反洗钱情报机构	英国金融情报中心（UKFIU） 联合反洗钱情报小组（JMLIT） （均设在国家打击犯罪局之内）
反洗钱行业自律组织	联合反洗钱指导小组（JMLSG） 法律行业、会计行业协会等

其次，英国在建立控制洗钱的法律机制的过程中注意在学习他国经验的同时，立足本国的实际，根据本国的特点制定控制洗钱犯罪的法规，确立控制洗钱的法律对策和措施。例如，有关控制利用海外实体洗钱规定、有关法人犯罪的规定、有关法律特权的限定等措施。又如，英国对美国反洗钱法律对策的借鉴方面，美国对洗钱进行法律控制的一个重要措施就是建立了强制的现金交易报告制度，除了法律规定的例外情况，对超过1万美元的现金交易要进行报告，违背这种现金报告要求可以构成洗钱犯罪。英国则认为美国所规定的这种强制报告要求不适合英国的情况。根据欧共体指令的规定，英国所建立的是对超过15000欧洲货币单位的现金交易进行识别，对"可疑交易"进行报告的制度。

再次，英国关于控制洗钱法律机制的一个突出特点是采取预防和惩治相结合的方法，在以刑法措施作为遏制洗钱犯罪的主要手段的同时，充分发挥金融系统和相关机构在反洗钱中的预防作用。英国在遏制洗钱犯罪中，首先注意运用刑法手段，将洗钱规定为犯罪并对这种犯罪行为进行严厉惩治。针对刑事犯罪者对自己的犯罪收益进行清洗、专业洗钱者对他人的犯罪收益进行清洗、与犯罪有关的人促进犯罪收益的清洗等复杂情况，英国法律将协助他人保存犯罪收益、隐瞒或转移犯罪收益、取得、拥有或使用犯罪收益等犯罪行为规定为洗钱犯罪。为了有效地遏制洗钱犯罪，英国法律还增加了有关机构和人员披露信息的义务，对于违背法律义务的不披露行为可以构成洗钱犯罪。为了确保洗钱调查的顺利进行，防止犯罪收益的转移和犯罪者的隐匿，英国法律还增加有关机构和人员不得泄露信息的义务，对于违背法律义务的泄露信息行为可以构成洗钱犯罪。上述有关洗钱犯罪的规定构成英国控制洗钱犯罪的重要法律基础。针对利用金融机构洗钱的情况，英国将金融机构纳入控制洗钱犯罪的法律网络，发挥金融机构在控制洗钱中的预防和检测作用。英国制定的控制洗钱规则明确规定了上述机构应履行的法律义务，这些义务诸如识别客户、保存记录、披露可疑交易、建立内部控制程序等。实践证明，金融机构与政府的合作是控制洗钱的行之有效的法律机制中必不可少的措施。

最后，英国建立的反洗钱的法律机制反映了国际法和其国内法相互渗透的特点。由于跨国洗钱是一个国际范围的问题，仅靠一个国家的力量不可能得到有效解决，必须依靠国际合作，充分发挥国际法的作用。因此，英国在制定遏制洗钱国内立法的同时，还参加了有关控制洗钱的国际公约和国际行动。英国参加了国际刑警组织、金融行动特别工作组、关于银行规则和监管实践的巴塞尔委员会等国际组织和机构控制跨国洗钱的国际合作行动；参加了 1988 年《联合国禁毒公约》、1990 年欧洲理事会《关于清洗、追查、扣押和没收犯罪收益的公约》；还和有关国家缔结了有关于刑事司法协助方面内容的条约。通过上述国际法律文件确立的国际规则，去解决有关调查洗钱犯罪、追查或冻结犯罪收益、逮捕洗钱犯罪者以及引渡犯有洗钱犯罪的罪犯等国际刑事合作问题。

2. 美国的启示与借鉴

一方面，美国 2020 年《反洗钱法案》中以下三项内容需要有关监管部门和企业机构格外关注。

第一，对于 BSA 的可疑交易报告的分享。2020 年《反洗钱法案》要求美国财政部颁布法规试点允许金融机构与其海外分行、子行和附属机构分享已提交的可疑交易报告的相关信息，以更好地应对洗钱等风险。但在中国、俄罗斯的海外分行、子行和附属机构除外。

第二，美国执法机构跨境索取文件的权力。如前所述，2020 年《反洗钱法案》扩大了美国司法部门的传唤权限，使其可以向在美国拥有代理行账户的外国银行进行传唤并调取任意一个面临特定调查账户（包括在美国境外的账户）的有关记录。我国境内的金融机构对于这种情形需要有相应的操作流程，并对其中可能涉及我国监管机构和司法机构的工作环节有清楚的了解，以尽量避免陷入前文提到的两难境地。由于 2020 年《反洗钱法案》给予外国银行提交材料的时间非常有限，并且中美两国的司法机构对于跨境司法管辖也存在不同的认识，我国的监管机构和司法机构需要对此类情形加以关注。

第三，美国财政部对中国相关的反洗钱评估。2020 年《反洗钱法案》要求美国财政部对与中国相关的非法资金进行评估，并且基于评估的结果制定相应的战略。在中美关系不断变化的环境下，我国政府应当对此予以关注，并采取相应的应对措施，以减少其对于金融机构、企业的不利影响。

如上所述，美国 2020 年《反洗钱法案》可能对我国带来挑战并产生影响，因此，我们需要在深入研究的基础上，进一步分析我国可以借鉴其反洗钱制度的方面，从而服务我国打击跨境反洗钱法律体系完善的目标。

另一方面，反洗钱和反恐怖融资工作当前已经成为防控金融风险、维护金融安全乃至国家安全的重要载体。我国政府对反洗钱和反恐怖融资工作给予了高度重视，并在 2017 年颁布的《国务院办公厅关于完善反洗钱、反恐怖融资、反逃税监管体制机制的意见》中明确提出："反洗钱、反恐怖融资、反逃税监管体制机制是建设中国特色社会主义法治体系和现代金融监管体系的重要内容，是推进国家治理体系和治理能力现代化、维护经济社会安全稳定的重要保障，是参与全球治理、扩大金融业双向开放的重要手段。"美国的金融市场最为发达、体量最大，监管的复杂程度非常高，其反洗钱和反恐怖融资监管体系对我国而言具有一定的借鉴意义。虽然美国 2020 年《反洗钱法案》的完全落地实施还有待后续出台相关法律法规予以支持，但在其已经颁布的内容中，一些方面可以考虑应用于我国的反洗钱和反恐怖融资实践。具体来说，主要有以下三个可以借鉴的方面。

一是强化反洗钱和反恐怖融资部门的牵头作用，加强监管机构、执法机构之间的协调与合作。从我国的情况看，目前，国务院设立了反洗钱工作部际联席会议，指导全国反洗钱工作，协调各部门开展反洗钱工作。人民银行牵头负责联席会议工作，形成了"人民银行牵头、各成员单位分工负责"的反洗钱工作协调机制。但是由于反洗钱和反恐怖融资工作的复杂性，除了顶层的协调架构，还需在执行层面考虑如何能实现真正意义上的合力和"齐抓共管"。参考 FinCEN 对其他监管机构中负责 BSA 检查官员的业务培训，人民银行也可以考虑为其他监管机构、执法机构在反洗钱和反恐怖融资上提供支持，从而使其他部门有能力并能够按照统一标准对相应行业实施监管。同时，人民银行还可以考虑如何加强反洗钱工作在各个层级与其他监管机构和政府部门的沟通与交流，加强人民银行在反洗钱和反恐怖融资工作中各个层级的牵头作用，切实提高政府机构在反洗钱和反恐怖融资领域的监管意识和监管能力。此外，人民银行还可以考虑像 FinCEN 一样给予一些监管机构反洗钱检查和处罚的授权，推动其他监管机构在反洗钱领域的人员配备、专业技能等方面不断优化。

二是加强与金融机构的沟通与交流。美国 2020 年《反洗钱法案》将监管机构与金融机构沟通和交流的方式、内容作了规定，从而固化了沟通与交流的最低要求。人民银行可以考虑以某种形式来强化与金融机构的互动，让双方在提高反洗钱和反恐怖融资的有效性上加强沟通，从而在监管、金融机构之间形成信息的良性循环。

三是加强反洗钱和反恐怖融资相关的科技与创新。对于科技和创新的重视，是美国 2020 年《反洗钱法案》的一个重点和亮点。该法案对政府层面在如何借助科技与创新提高反洗钱和反恐怖融资的有效性方面做了要求，这将会推动政府层面的政策引导和金融机构自身的科技与创新投入，从而有助于反洗钱和反恐怖融资科技的快速发展。我国也可以考虑在制度层面上鼓励反洗钱和反恐怖融资领域的科技创新，并对于这些科技创新给予一定的容忍度。同时，加强监管机构和金融机构在反洗钱和反恐怖融资方面科技创新的沟通与交流，并在监管要求上给予金融机构相应的指导。①

3. 澳大利亚的启示与借鉴

强力的核心反洗钱机构建立是澳大利亚给我国最好的借鉴，当下，我国具体进行反洗钱工作的是央行下设的反洗钱局，在反洗钱局下设立了情报处理中心，无论从机构级别还是作用范围还是人力配备等方面，该机构都难以应对我国目前的反洗钱形式，它难以调动和协调各个反洗钱部门，收集分析洗钱信息来源渠道狭窄、滞后。另外，我国还存在一个反洗钱部级的联席工作会议，级别很高，但形式本身就极大地削弱了其执行能力，无法作为常备的反洗钱力量出现。因此，我国可以在反洗钱局的基础上建立直属国务院的强力反洗钱机构，赋予其在各经济领域展开反洗钱的权利，直属国务院的行政地位又能给予该机构应有的行政威权，同时，成员的来源广泛还有利于经验的交流和各部门的协调，也可以和反贪局联动，为我国反腐提供助力。

此外，澳大利亚还有一个非常出色的反洗钱协作机制。澳大利亚非常重视洗钱活动地域转移的特点，意识到反洗钱工作不只是一个国家内部部门之间的协作，也是国与国之间的协作。交易分析和报告中心积极展开同国际其他国家之间的金融信息的交流活动，努力营造国际反洗钱环境。澳大利亚目前已与 37 个金融情报机构建立信息交换关系。此外，交易分析和报告中心还积极地帮助反洗钱工作处于初步阶段的国家建立和完善反洗钱机制，以期构建反洗钱的国际阵线。澳大利亚在国际反洗钱舞台较为活跃，加入埃格蒙特集团并通过管理信息交换，提供可持续性技术支持，并以参加培训工作组和年度会议的方式向该集团做出许多贡献，澳大利亚也是亚太组织反洗钱机构的始创国和赞助国，同时还是 FATF 的代表国。这种对国际合作的重视可以成为我国下一步反洗钱机制建设的重要借鉴点。前文提到，我国当下洗钱呈现

---

① 魏锋. 美国《2020 年反洗钱法案》解析［J］. 中国外汇，2021.

国际化特点，尤其是国外操控非常明显，积极地参与国际反洗钱，这种参与不仅仅是同发达国家建立反洗钱合作关系，更应该效仿澳大利亚积极培养反洗钱机制建设尚不如中国的国家和地区的反洗钱力量，因为我国很多的反洗钱活动资金的流向是一些反洗钱力量薄弱的国家和地区。

4. 其他英美法系国家的启示与借鉴

加拿大反洗钱立法的体系可以分成两个部分：（1）刑事立法。这体现在其刑法典之中，规定了清洗犯罪收益和持有犯罪所得财产的罪状和法定刑。但是，加拿大这种刑事立法的实现，是通过刑法典增设和反映在《犯罪收益法》和《有组织犯罪修正案》中涉及洗钱的条款而确立的。（2）预防性立法。这主要体现在具有综合性反洗钱法性质的《犯罪收益（洗钱）和恐怖融资法》，其中对于个人和实体明知而违反或不履行预防义务的行为设置了"不履行记录保存义务罪"，以便推动洗钱防范机制的建立和完善。

新加坡具有广泛的上游犯罪打击面，建立了非刑事没收制度，并在金融领域和非金融领域形成了较为完善的反洗钱预防制度。再如，泰国对洗钱罪上游犯罪的规定同我国相似，采用列举式方案，且范围正在逐步扩大，还针对虚拟货币出台了《数字资产法》以应对各类新型犯罪风险。

二、大陆法系部分国家反洗钱立法的考察

（一）德国反洗钱立法考察

德国是欧洲经济最为发达的国家，国内生产总值位列世界第四。在地理位置上，德国占据欧洲的战略中心，是重要的交通枢纽。法兰克福是德国主要的金融中心，也是欧洲中央银行的所在地，拥有世界第六大证券交易所，对各类投资都极具吸引力。《全球竞争力报告》也对德国的宏观经济环境给予了较高的评价。全球收入最高的 500 家上市公司中有 37 家设于德国。同时，德国也拥有一个庞大、开放和复杂的金融体系。而正是德国稳定的经济条件和基础设施可以为洗钱者提供一个稳定的环境，德国的高收入水平和庞大的经济规模也为洗钱活动提供了大量机会。

1. 反洗钱刑事立法

正如上文所述，德国关于洗钱犯罪和恐怖融资犯罪的规定均经历了多次修改，逐渐符合 FATF 关于洗钱犯罪和恐怖融资犯罪的要求。

（1）洗钱犯罪

①上游犯罪

为了响应 FATF 以及欧盟关于洗钱上游犯罪的要求，德国通过对法律的多次修正将洗钱的上游犯罪范围不断扩大。2021 年德国联邦议院对法律进行修正以进一步调整上游犯罪的范围，此次修正远远超出了反洗钱指令的要求，将所有刑事犯罪（包括轻微犯罪）都纳入洗钱罪的上游犯罪。

除此之外，为了使在国外实施上游犯罪的犯罪收益也能在德国以洗钱罪被指控，即使在国外实施的行为不符合双重犯罪原则，只要德国刑法规定为非法行为，且应受到欧盟法规和公约处罚的①，则实施该行为也将受到洗钱罪的指控。

②客观方面

首先是洗钱罪的对象。德国法律对"物品"（Gegenstand）作出较为广泛的定义，广义的"物品"除了动产和不动产，还包括权利。尤其是现金、本外币账面资金、应收账款、证券、贵金属、宝石、土地及其权利、公司投资和公司资产份额等均属于洗钱"清洗"的对象。对于比特币和其他数字货币，另有法律予以规定。同时还包括法律系统不承认但可销售且具有价值的实际项目，如无效索赔、违禁物品（麻醉品、假币等）。

其次在客观行为方面，洗钱包括以下几类行为：隐藏违法所得；有意阻挠、误导或转移用于调查违法所得的信息；为自己或第三方采购；为自己或第三方保留；在知道违法所得来源时为自己或第三方使用，并且任何隐瞒或掩饰对寻找、没收或确定违法物品来源具有重要意义的事实也属于洗钱罪的行为之一，按照洗钱罪处罚。此外，即便上述行为并未成功，仅实施试图洗钱的行为也需受到惩罚。②

---

① Strafgesetzbuch (StGB)，§261 (9) 2.

② Strafgesetzbuch (StGB)，§261 Geldwäsche (1)，(2).

③主体

由于德国尚未承认法人的犯罪主体地位，因此，洗钱罪的主体仅包括自然人。但是因参与上游犯罪而被追究刑事责任的，除非将物品投放市场并隐瞒其非法来源，一般不会再次受到洗钱罪的惩罚，这一规定排除了部分自洗钱行为承担洗钱罪刑事责任的可能，与 FATF 的要求相背。对此，德国当局表示同时对上游犯罪和洗钱罪予以追诉，有违德国国内法的基本原则。①

④主观方面

就洗钱罪的主观方面而言，德国《刑法典》要求犯罪人应知道犯罪的客体、犯罪的来源、犯罪的行为和结果，至少必须知道相关物品源自某种上游犯罪这一事实，但不需要知道具体的细节。同时，洗钱罪的主观方面也包括过失，因过失而不知悉相关物品来源的也需承担相应的刑事责任。

⑤刑事责任

对于一般的洗钱行为，德国《刑法典》在修改中减轻了洗钱罪的刑事责任，将"处 3 个月以上 5 年以下自由刑"修改为"处 5 年以下自由刑或罚金刑"。同时，德国《刑法典》也规定了不承担刑事责任的情形，即在涉及为第三人采购、保留或使用而第三人在获得该物品或第三方时知悉来源时不承担洗钱罪的刑事责任。

德国《刑法典》第 261 条还规定了针对特定主体及特定情形下的刑罚。首先，《反洗钱法》第 2 条所规定的反洗钱义务主体实施洗钱行为，处 3 个月至 5 年有期徒刑；其次，基于商业目的或洗钱团伙实施的洗钱行为属于德国《刑法典》第 261 条所述的情况严重，将判处 6 个月以上 10 年以下有期徒刑；再次，因过失而不知悉相关物品属于违法所得的，处以 2 年以下有期徒刑或罚款；最后，德国《刑法典》对刑事辩护律师这一主体也作出特殊规定，即在收取费用时对其来源有一定了解的情况下才需承担洗钱罪的责任，并且刑事辩护律师不适用过失的相关规定。

（2）恐怖融资犯罪

依据德国《刑法典》第 89c 条的规定，恐怖融资犯罪是指在知道他人实

---

① Strafgesetzbuch（StGB），§261 Geldwäsche（1），（2）.

施有关罪行①或有意促成他人实施有关罪行的前提下筹集、接收或提供资产的行为。煽动、协助或教唆上述所有规定的行为也需承担相应的刑事责任。该条款中的"资产"不仅指金钱，还包括任何有形与无形、动产和不动产在内的资产，以及任何形式的用以证明上述财产权或其他权利的法定标注和文书，包括电子和数字形式。同时，恐怖融资犯罪也适用于在国外成立的犯罪组织所实施的欧盟指令中的罪行。②

在刑事责任方面，实施恐怖融资行为将被判处 6 个月至 10 年监禁。若罪犯自愿中止或积极组织恐怖活动的结束，法院可以斟酌情况减轻惩罚。

2. 反洗钱行政立法

（1）反洗钱与反恐怖融资主体范围

德国《反洗钱法》第 2 条规定了反洗钱义务主体：信贷机构以及境内分行和境外信贷机构分行，金融服务机构③，支付机构和电子货币机构及其国内分支机构和在国外注册的类似机构的分支机构，电子货币代理以及设立在欧

---

① 根据第 89c 条的规定，包括谋杀（《刑法》第 211 条），过失杀人（《刑法》第 212 条），种族灭绝（《国际刑法》第 6 条），危害人类罪（《国际刑法》第 7 条），战争罪（《国际刑法》第 8、9、10、11、12 条），根据 224 条造成的身体伤害或对他人造成严重身体或心理伤害的身体伤害，尤其是 226 条规定的类型；勒索绑架或劫持人质（《刑法》第239、239b 条）；第 303b、305、305 条或第 306 条至 306c 或 307 条第 1 至 3 款、第 308条第 1 至第 4 款、第 309 条第 1 至 5 款和第 313、315 条第 3 款或第 3 款中的公共危险罪行 1、3 或 4，第 316b 条　第 1 或 3 款或第 316c 条第 1 至 3 款或第 317 条第 1 款；在第330a 条第 1 至第 3 款的情况下危害环境的刑事犯罪，第 19（1）至（3）条、第 20（1）或（2）条、第 20a（1）至（3）条、第 19（2）条第 2 款或（3）第 2 款，第 20 条规定的刑事犯罪（1）或（2）或第 20a（1）至（3）条。在每种情况下也与第 21 条结合，或根据《战争武器控制法》第 22a 条第 1 至 3 项，根据《武器法》第 51（1）至（3）条的刑事犯罪；第 328（1）或（2）项或第 310（1）或（2）项规定的刑事犯罪；根据第 89a 条第 2a 款的刑事犯罪；根据《武器法》第 51 条 1 款到第 3 款的刑事犯罪；根据第 328 条第 1 款或第 2 款，或第 310 条第 1 款或第 2 款的刑事犯罪；根据第 89a 条第 2a 款的刑事犯罪．

② 指《欧洲议会和理事会 2017 年 3 月 15 日关于反恐的第 2017/541 号指令（EU），并取代理事会的第 2002/475 号框架决定/JI 并修订理事会决定 2005/671/JI（ABl. L 88,31.3.2017，p. 6）》第 3、第 5 至第 10、第 12 条指定的罪行．

③ Kreditwesengesetzes，§ 1（1），不包括 Kreditwesengesetzes，§ 2（6），3 - 10，12，和（10）中指定的公司、国内分支机构和分行，以及根据《证券机构法》第 2（1）条设立于境外的金融服务机构、证券机构，以及设立于境外的公司的境内分支机构．

洲经济区协议另一签署国通过代理人或通过电子货币代理在国内运营的支付机构和电子货币机构，从信贷机构出售或交换电子货币的个体经营者，金融公司以及在国外注册的金融公司的国内分支机构，保险公司以及总部在国外的此类公司的国内分支机构，保险经纪人，资产管理公司、欧盟管理公司的国内分支机构和外国 AIF 管理公司以及以德意志联邦共和国为参考成员国并受联邦金融监管局监管的外国 AIF 管理公司，律师、商会法律顾问、专利代理人和公证人，不属于律师协会成员和注册人的法律顾问①，审计师、宣誓会计师、税务顾问、税务代理人以及《税务咨询法》第 4 条第 11 项中所列的人员，房地产中介，博彩的组织者和经纪人，商品经销商、艺术品经纪人和免税区艺术品店主。

（2）法律责任

若义务主体未履行风险管理、客户尽职调查以及报告等义务将面临 10 万欧元的行政处罚，若存在故意的情形则行政处罚最高可达 15 万欧元。

3. 反洗钱与反恐怖融资国际合作

依据现有的框架，在国际司法协助与引渡方面，德国均能够提供全面、及时的回应，同时也积极寻求与外国同行在行政领域的合作。目前德国在反洗钱领域的国家决议机构是联邦金融监管局。② 该局的任务之一是帮助在欧盟层面建立一个统一的欧洲金融市场，也在一定程度上有助于树立全球监管标准。联邦金融监管局合作的全球机构包括国际保险监督员协会（IAIS）、国际证监会组织（IOSCO）以及巴塞尔银行监管委员会（BCBS）等。③ 联邦金融监管局承担着与建立和支持外国监管系统有关的咨询活动，并且还会与其他国家对应职能的主管组织进行双边会议。

德国积极参与国际合作，其在 FATF 成立之初就已经是成员国之一。2020年 7 月，德国联邦财政部副总干事马库斯·普莱耶博士（Dr. Marcus Pleyer）就任 FATF 轮值主席，任期两年。目前，FATF 正在普莱耶博士的带领下探索

---

① Geldwäschegesetz（GwG）Abschnitt 1 Begriffsbestimmungen und Verpflichtete，§ 2（1），10.

② 联邦金融监管局. International cooperation［EB/OL］.［2021-07-16］.

③ 联邦金融监管局. International cooperation［EB/OL］.［2021-07-16］.

数字化转型。德国的金融情报中心也是埃格蒙特集团的成员之一，通过该机构可以获取德国国内与国外的可疑交易报告数据库并进行分析。

另外，德国作为欧盟的成员国，十分重视与欧盟成员国的合作以及对欧盟反洗钱义务的履行，对于欧盟出台的各项反洗钱指令均保持积极的态度，及时跟进立法与修法，将欧盟反洗钱指令提出的要求融入本国的法律体系之中。其金融情报中心作为欧盟情报中心网络中的一员也在金融情报领域与欧盟成员国开展紧密联系与合作。

德国作为老牌资本主义国家，其经济在全球范围内享有举足轻重的地位。同时，德国还拥有发达的法律体系，为经济的持续健康发展提供后盾，也为预防和遏止洗钱与恐怖融资犯罪奠定基础。综观德国的反洗钱与反恐怖融资制度，有两大值得关注的亮点：一是在反洗钱与反恐怖融资工作的开展过程中，充分强调风险管理，依据不同的风险程度，义务主体采取不同等级的预防措施，监管主体也采取不同档次的监管强度，对风险的分析是其他一系列工作得以开展的基本依据。二是在监管中落实严格的审计制度，将反洗钱与反恐怖融资工作的实施情况作为审计的重要内容，相关监管机构被授权对义务主体进行外部审计，审计的基本情况也是风险评级的关键依据。通过完善的审计制度，不仅可以有效监督义务主体预防措施的实施情况，而且也是各类实体合规运作的坚实保障。

但德国的反洗钱与反恐怖融资制度也存在一定缺陷，在洗钱犯罪方面，基于对刑法基础理论的考量，德国一直未将自洗钱纳入洗钱犯罪，也不承认法人对于洗钱行为的刑事责任。在对特定非金融领域的监管中大多采取各联邦州分别监管的方式，这在一定程度上会导致在监管中各州标准参差不一的情况，不利于形成对此类行业的统一监管。

（二）西班牙反洗钱立法考察

1. 反洗钱刑事立法

（1）洗钱犯罪

西班牙《刑法典》第301条将洗钱规定为刑事犯罪。洗钱罪的上游犯罪包括所有的严重犯罪。依据该条的规定，洗钱行为包括获取、转换、转移，或者有其他隐藏、隐瞒非法来源的行为；帮助参与一个或多个违法行为的人逃避法律后果的行为；隐瞒或者隐藏货物或者财产的真实性质、来源、所在位置、目的地、转移轨迹或者权属的行为。① 以及获得、拥有或使用货物，在收到时知道它们来自犯罪活动或参与犯罪活动；参与前述提到的任何活动，参与实施此类行为，意图实施这些行为，以及帮助、教唆或建议他人实施或协助执行这些行为的事实。② 除此之外，挑衅、共谋、提议进行洗钱行为的，同样构成洗钱罪，但从轻一级或两级处罚。西班牙并没有针对自洗钱的特别规定，但是依据第 301 条第 1 款的规定，犯罪行为是"明知资产来源于严重犯罪，而获取、转换、转移，或者有其他隐藏、隐瞒其非法来源的行为"。因此，一般认为，洗钱行为包含自洗钱的行为。洗钱罪的对象是指因犯罪而取得或者占有的各种有形的和无形的、动产或者不动产、有形或者无形资产，以及任何形式（包括电子或数字形式）的可以证明所述资产的所有权或对其权利的文件或者法律文书，包括在针对公共财政部的犯罪案件中被骗取的费用。③

洗钱罪的主体包括自然人和法人，法人仍然是西班牙洗钱网络的重要工具。

从洗钱罪的主观方面来看，一般由故意构成，且须明知资产源于严重的犯罪行为，但不需要知道具体源于哪项犯罪。过失也可以构成洗钱罪，但需为重大过失。

实施洗钱行为的自然人将被判处 6 个月至 6 年有期徒刑，以及相当于资产价值三倍的罚款。资产来源于西班牙《刑法典》第 368 条至第 372 条规定的犯罪行为的，处以最高 9 年有期徒刑。并且，西班牙还规定了取消从业资格的处罚，对于教师、医生、金融领域的从业者或中介、公职人员等特定职业的人从事洗钱行为，除相应处罚外，还可以处以 3~10 年不等的取消任职、公职、职位或相应领域从业资格的处罚。如果上述事件是由主管机关或其代表机构实施的，将处以 10~20 年的绝对取消资格处罚。但 FATF 指出，尽管

---

① Ley Orgánica 10/1995, de 23 de noviembre, del Código Penal.

② Ley 10/2010, de 28 de abril, de prevención del blanqueo de capitales y de la financiación del terrorismo.

③ Ley 10/2010, de 28 de abril, de prevención del blanqueo de capitales y de la financiación del terrorismo.

律师、公证人、信托和公司服务提供商在复杂的洗钱计划中扮演着守门人的重要角色，但他们无法被判处像其他一些职业最长可达 10 年的取消资格的处罚。① 过失犯罪的，根据西班牙《刑法典》第 301 条规定，处 6 个月以上 2 年以下有期徒刑，并处 3 倍罚金。此外，上游犯罪或其他应处罚的行为全部或部分在国外实施的，犯罪人也应受到同等处罚。

（2）恐怖融资犯罪

依据西班牙《刑法典》的规定，恐怖融资犯罪是指以任何方式直接或间接地为《刑法典》中的任一恐怖主义罪行提供、存放、分配或收集资金或货物。在另一国领土内提供或收集资金或货物，也将被视为存在资助恐怖主义行为。实施恐怖融资犯罪的主观方面需为故意，即以使用这些资金或货物或明知它们将被全部或部分用于实施《刑法典》中的任一恐怖主义罪行。

西班牙《刑法典》中对于恐怖分子相关犯罪的刑罚较轻，仅在武装团伙、组织或恐怖组织的成员、为其服务或与之合作的人员，袭击他人致人死亡的情形时，最高可判处 20~30 年有期徒刑。为向武装团伙、组织、恐怖组织筹款，或者为达到其目的，侵犯他人财产权益的，并未单独定罪，而是作为所犯罪行的加重情节，处以更重的刑罚。② 为武装团伙、组织或恐怖团体的活动提供经济援助的，处 5~10 年有期徒刑，并处 18~24 个月的罚款。

2. 反洗钱行政立法

西班牙关于反洗钱义务主体及预防洗钱措施的相关内容主要规定在《4月 28 日关于防止洗钱和恐怖主义融资的第 10/2010 号法律》（简称《10/2010号法律》）中。在该法颁布之前，预防措施主要规定在《19/1993 号法律》与《5 月 21 日关于预防和阻止资助恐怖主义的第 12/2003 号法律》中，《10/2010 号法律》发布后，对洗钱和恐怖融资的预防措施进行了统一的规定。

《10/2010 号法律》中规定了 27 类义务主体，包括信贷机构；被授权经营人寿或其他投资相关保险业务的保险实体和保险经纪人；投资服务公司；集合投资机构的管理公司和不委托管理公司管理的投资公司；养老基金管理实

---

① FATF. Anti-money laundering and counter-terrorist financing measures Mutual Evaluation Report［R］. Spain，2014.

② Ley Orgánica 10/1995，de 23 de noviembre，del Código Penal，artículo 575.

体；风险投资实体的管理公司和不委托管理公司管理的风险投资公司；互保公司；电子货币实体、支付实体以及自然人和法人①；专业从事货币兑换活动的人员；从事汇票或转账活动的邮政服务处；专业从事贷款或信贷中介的人员，以及未获得金融信贷机构授权，专门从事法律规定②的任何活动的人员，或开展法律规定③的贷款活动以及从事贷款或信贷中介的专业人员；房地产开发商以及在房地产销售或房地产租赁中专业从事代理、委托或中介活动的人员；④账户审计师、外部会计师、税务顾问和其他税务人员；财产、贸易和动产的公证人和登记员；代表客户参与特定领域的交易或业务的法律顾问、代理律师或其他独立专业人士；根据适用于各种情况的具体规定代表第三方提供特定服务的专业人士；赌场；专门从事珠宝、宝石或金属交易的人；进行艺术品或古董的专业贸易或在艺术品或古董贸易中充当中间人的人；专业从事法律规定⑤的活动的人员；进行存款、保管或专业运输资金或支付手段的人；使用电子、计算机、远程信息处理和互动方式管理、开发和商业化彩票或其他博彩的人员；依据本法⑥进行支付手段转移的自然人；根据本法⑦专业从事货物贸易的人；本法规定的⑧基金会和协会；本法规定⑨的支付系统和证券及衍生金融产品的补偿和结算的经理，以及其他实体发行的信用卡或借记卡的经理；信托货币和电子货币托管的虚拟货币兑换服务提供商。其中，前9项以及第27项规定的属于金融实体。

----

① Real Decreto Ley 19/2018, de 23 de noviembre, de servicios de pago y otras medidas urgentes en materia financiera, artículos 14, 15.
② Ley 5/2015, de 27 de abril, de fomento de la financiación empresarial, artículo 6.1.
③ Ley 5/2019, de 15 de marzo, reguladora de los contratos de crédito inmobiliario.
④ 需要满足年收入总额等于或高于120000欧元或月收入等于或高于10000欧元的条件.
⑤ Ley 43/2007, de 13 de diciembre, de protección de los consumidores en la contratación de bienes con oferta de restitución del precio, artículo 1.
⑥ Ley 10/2010, de 28 de abril, de prevención del blanqueo de capitales y de la financiación del terrorismo, artículo 34.
⑦ Ley 10/2010, de 28 de abril, de prevención del blanqueo de capitales y de la financiación del terrorismo, artículo 38.
⑧ Ley 10/2010, de 28 de abril, de prevención del blanqueo de capitales y de la financiación del terrorismo, artículo 39.
⑨ Ley 10/2010, de 28 de abril, de prevención del blanqueo de capitales y de la financiación del terrorismo, artículo 40.

3. 反洗钱与反恐怖融资国际合作

西班牙积极参与国际合作。西班牙是金融行动特别工作（FATF）的成员，同时也是埃格蒙特组织的成员。对于反洗钱与反恐怖主义融资的国际公约，如《联合国禁止非法贩运麻醉药品和精神药物公约》与《联合国打击跨国有组织犯罪公约》都已签署并已批准。

在金融情报系统上，西班牙的国际合作能力很强，可以为其他国家提供金融情报信息。西班牙与欧盟有紧密的反洗钱与反恐融资合作，比如，对于义务主体的报告，当有迹象表明该报告中与欺诈收益或任何其他损害欧洲共同体财务利益的非法活动有关，则该报告也将被传送给欧盟委员会。

虽然西班牙的洗钱犯罪数量在欧洲一直名列前茅，但其在反洗钱与反恐怖融资问题上毫不懈怠，一直致力于打击恐怖主义组织，并取得显著成效。从法律规定上看，金融情报工作上的制度健全，机构间相互协调，信息交换程序简洁，重视将欧盟发布的反洗钱与反恐怖融资相关指令予以内化。在实践中，西班牙重视以风险为导向的预防，对于房地产、银行业等洗钱犯罪高发领域给予了极高的关注，但对律师在洗钱行为中的角色认识不到位，且执行局领导下的风险评估质量较高。西班牙在洗钱罪的设置上，其上游犯罪覆盖了所有的严重犯罪，但在刑法中对于洗钱与恐怖主义融资犯罪的处罚很轻，不论是自由刑的刑期、取消从业资格的期限还是罚款的数额都很难达到预期。此外，虽然金融情报机构的相关规定完善，但从实践上来看，尚未完全实现配合默契，银行、律师等义务主体很难依照法律的规定向执行局进行事无巨细的报告，因此，执行局与部分义务主体间的合作还有待加强。

德国作为大陆法系的代表性国家，已经形成了较为严密的反洗钱法网。比如，德国将所有的违法行为均纳入洗钱罪的上游犯罪，洗钱罪对象与客观行为广泛；又如，其反洗钱义务主体覆盖了金融机构、非金融机构及个人。而对于西班牙来说，洗钱罪的上游犯罪包括了所有严重犯罪，主观方面包括故意与过失，同时规定了从业资格处罚，但整体处罚力度较轻。不过，西班牙在反洗钱国际合作上的努力值得学习，其不仅建立了十分健全、便捷的金融情报工作制度，还重视将欧盟发布的反洗钱与反恐怖融资相关指令予以内化。

第二节　国际组织反洗钱制度考察

随着经济全球化、金融全球化发展的不断深入，洗钱活动的国际性特征愈发明显，跨国、跨境洗钱犯罪层出不穷。以联合国、金融行动特别工作组为代表的国际组织制定了各项国际公约、国际性法律文件，或对世界各国提出了建立反洗钱法律制度的强制性要求，或倡导其最大限度地符合国际反洗钱标准，为国际范围内反洗钱制度的发展与进步，以及跨国、跨境洗钱犯罪地预防和惩治作出巨大贡献。

一、联合国反洗钱制度考察

20 世纪 70 年代以来，伴随世界经济的蓬勃发展，多数市场经济国家掀起了一股有组织犯罪和毒品犯罪的狂潮。这些犯罪相互渗透，彼此衔接，严重损害了国际社会的共同利益甚至是共同原则。有鉴于此，1988 年 12 月，在欧美等毒品严重泛滥且洗钱案频发的国家的积极倡议下，联合国制定了《联合国禁止非法贩运麻醉药品和精神药物公约》（也称《1988 维也纳公约》，以下简称《联合国禁毒公约》），作为国际社会对上述罪行的积极反应。①

《联合国禁毒公约》首次就洗钱罪行规定了缔约国所应承担的关于制定、修改相关立法以及缔结双边、多边条约以有效履行公约的义务，为日后的反洗钱规定的补充与发展奠定了基础。从 1988 年至今，《联合国打击跨国有组织犯罪公约》《联合国反腐败公约》《联合国制止向恐怖主义提供资助的国际公约》等国际公约，以及《禁止洗钱法律范本》《反洗钱及没收毒品有关财产法律范本》和《与犯罪收益有关的洗钱、没收和国际合作示范法》等法律文件，都从不同角度对反洗钱工作的有效开展发挥了重要的作用。

---

① 《联合国禁止非法贩运麻醉药品和精神药物公约》，于 1988 年 12 月 19 日在维也纳通过，1990 年 11 月 11 日生效。中国于 1988 年 12 月 20 日签署并于 1989 年 10 月 25 日批准．

1. 《联合国禁止非法贩运麻醉药品和精神药物公约》①

（1）洗钱活动的刑事定罪要求

该公约的一个重大进步在于将国际上盛行的为贩毒分子"清洗"毒资的行为确定为犯罪。该公约第3条第1款（a）项和（b）项分别对毒品一般犯罪行为和毒品洗钱犯罪行为作出明确规定。该款（b）项列举的毒品洗钱犯罪包括：①明知财产得自按本款（a）项确定的任何犯罪或参与此种犯罪的行为，为了隐瞒或掩饰该财产的非法来源，或为了协助任何涉及此种犯罪的人逃避其行为的法律后果而转换或转让该财产；②明知财产得自按本款（a）项确定的犯罪或参与此种犯罪的行为，隐瞒或掩饰该财产的真实性质、来源、所在地、处置、转移、相关的权利或所有权。对于上述列举的洗钱行为，缔约国负有强制性义务将其规定为犯罪，体现出公约在控制洗钱问题上的原则性。与此同时，该款（c）项规定，对于"在收取财产时明知财产得自按本款（a）项确定的犯罪或参与此种犯罪的行为而获取、占有或使用该财产"的行为，缔约国可以在"不违背其宪法原则及其法律制度基本概念的前提下"，将其规定为犯罪，又反映出公约在控制洗钱问题上的灵活性。

该公约的另一建树在于为打击跨国毒品洗钱犯罪明确了关于刑事管辖权方面的规定。该公约第4条对各种具体情况，规定了对洗钱犯罪的强制管辖权②和任意管辖权③。刑事管辖权的规定对于有效控制跨国洗钱而言至关重要，只有将跨国洗钱置于明确的管辖之下，有关当局（国内一级）才可以发动有效的措施以预防、禁止和惩治跨国洗钱，各缔约国（国际一级）才可能在预防、禁止和惩治跨国洗钱中进行有效的合作。

（2）国际合作

洗钱犯罪的跨国性，决定了国际合作是对其进行预防和惩治的必要措施。

首先，该公约第6条规定，缔约国应将毒品洗钱犯罪视为可引渡犯罪并包含于各国间的任何引渡条约内。进而言之，如某一缔约国接到与之未订有

---

① 联合国官网. 联合国禁止非法贩运麻醉药品和精神药物公约［EB/OL］.（1988-12-19）［2021-07-15］.
② 《联合国禁毒公约》第4条第1款第（a）项，第2款第（a）项.
③ 《联合国禁毒公约》第4条第1款第（b）项，第2款第（b）项和第3款.

引渡条约的另一缔约国的引渡请求，而又要求引渡以存在条约为条件时，则可将本公约视为毒品洗钱犯罪的引渡依据。但若要求引渡以存在具体立法或采用某一公约为依据须以具体立法为前提时，则应考虑制定必要的立法。此外，该公约第6条还规定了缔约国"或引渡或起诉"的义务，体现出对跨国洗钱的全面规制。

其次，该公约在第5条"没收规定"就跨国没收问题已作出详细规定。①对此，各被请求国的有关机关在请求合法合理的情况下，应采取包括提交请求予主管当局，识别、追查和冻结或扣押本条第1款所述的收益、财产、工具或任何其他物品等措施，以便最终没收所涉收益、财产、工具或任何其他物品。同时，各缔约国之间应谋求缔结双边和多边条约、协定或安排，以增强在没收方面国际合作的有效性。② 并对于按第3条第1款所确定的刑事犯罪，提供进行调查、起诉和司法程序方面的最广泛的相互法律协助。③

2.《联合国打击跨国有组织犯罪公约》④

（1）洗钱活动的刑事定罪要求

该公约第6条规定，各国应采用立法手段将洗钱犯罪的上游犯罪范围尽可能地扩大，力求达到最广泛的范围，将有组织犯罪、腐败犯罪、妨害司法犯罪及所有严重犯罪被确定为洗钱罪的上游犯罪，使得反洗钱的范围从毒品洗钱扩大到对其他犯罪所得及其收益的清洗。该条第1款规定了洗钱罪的具体行为模式：（a）明知财产为犯罪所得，为隐瞒或掩饰该财产的非法来源，或为协助任何参与实施上游犯罪者逃避其行为的法律后果而转换或转让财产；明知财产为犯罪所得而隐瞒或掩饰该财产的真实性质、来源、所在地、处置、转移、所有权或有关的权利；（b）在符合其本国法律制度基本概念的情况下，在得到财产时，明知其为犯罪所得而仍获取、占有或使用、参与、合伙或共谋实施，实施未遂，以及协助、教唆、便利和参谋实施洗钱犯罪。其中，（a）项是强制性条款，各缔约国必须就此作出法律规定；而（b）项则为任意性条

---

① 《联合国禁毒公约》第5条第4款.

② 《联合国禁毒公约》第5条第4款第（g）项.

③ 《联合国禁毒公约》第7条第4款.

④ 联合国官网.联合国打击跨国有组织犯罪公约（也称《巴勒莫公约》）［EB/OL］.（2000-11-15）［2021-07-15］.

款，同样体现了公约在反洗钱问题上的原则性与灵活性。与此同时，该公约还要求将法人犯罪法定化，为国际社会打击法人洗钱犯罪提供了国际法根据。

（2）反洗钱义务主体及其预防措施

前文已述，《联合国禁毒公约》从事后规制视角规定了对洗钱活动的刑事定罪要求和没收犯罪收益等，缺乏预防性的反洗钱措施这一问题随后在《联合国打击跨国有组织犯罪公约》中得到了完善。该公约第 7 条以及下文将要叙述的《联合国反腐败公约》第 14 条，富有建设性地规定了预防性的反洗钱措施，一方面设立了反洗钱义务主体及其预防措施，另一方面也制定了反洗钱监管主体及其职责。具体来说：一是建立对银行和非银行金融机构及在适当情况下对其他特别易被用于洗钱的机构的综合性国内管理和监督制度，以便制止并查明各种形式的洗钱。这种制度要求上述反洗钱义务主体履行最基本的验证客户身份、保持记录和报告可疑的交易等反洗钱义务。二是建立作为国家级中心的金融情报机构，以收集、分析和传播有关潜在的洗钱活动的信息。这种制度则设立了以金融情报机构为重点的反洗钱监管机关，以及其在信息接收、信息分析及信息移送方面的职责。

此外，针对调查和监督现金和有关流通票据出入本国国境的情况的措施也是必要的，这类措施可包括要求个人和企业报告大额现金和有关流通票据的跨境划拨，但同时这类保障措施须确保情报的妥善使用且不致以任何方式妨碍合法资本的流动。这里则综合性地对反洗钱义务主体及其义务和反洗钱监管机构及其职责都有所涉及。

3.《联合国反腐败公约》①

对于洗钱罪的具体行为模式，该公约与上文所述《联合国打击跨国有组织犯罪公约》并无二致，其第 23 条第 1 款规定，（a）（一）明知财产为犯罪所得，为隐瞒或者掩饰该财产的非法来源，或者为协助任何参与实施上游犯罪者逃避其行为的法律后果而转换或者转移该财产；（二）明知财产为犯罪所得而隐瞒或者掩饰该财产的真实性质、来源、所在地、处分、转移、所有权或者有关的权利；（b）在符合本国法律制度基本概念的情况下：（一）在得

---

① 联合国官网 . 联合国反腐败公约 ［EB/OL］.（2000-12-14）［2021-07-20］.

到财产时，明知其为犯罪所得而仍获取、占有或者使用；（二）对本条所确立的任何犯罪的参与、协同或者共谋实施、实施未遂以及协助、教唆、便利和参谋实施。

4. 《联合国制止向恐怖主义提供资助的国际公约》①

该公约考虑到向恐怖主义提供资助是整个国际社会严重关注的问题，且国际恐怖主义行为的次数和严重性依赖恐怖主义分子可以获得多少资助而定，但现有的多边法律文书并没有专门处理这种资助问题，故为推进反恐融资工作制定了该公约。

首先，该公约对恐怖融资做出全面的定义，恐怖融资是指"任何人以任何手段，直接或间接地，非法和故意地提供或募集资金，其意图是将全部或部分资金，或者明知全部或部分资金将用于实施下列任一情形：（1）属附件所列条约之一的范围并经其定义为犯罪的一项行为；（2）意图致使平民或在武装冲突情势中未积极参与敌对行动的任何其他人死亡或重伤的任何其他行为，如这些行为因其性质或相关情况旨在恐吓人口，或迫使一国政府或一个国际组织采取或不采取任何行动"。② 该公约要求缔约国把上述行为纳入该国犯罪圈，且上述行为的帮助行为以及未遂行为也构成该罪。③

此外，该公约对恐怖融资之"资"的定义非常广泛，"资金所有各种资产，不论是有形还是无形资产、是动产还是不动产，不论以何种方式取得，或者以任何形式，包括电子或数字形式证明这种资产的产权或权益的法律文件或证书，包括但不限于银行贷记、旅行支票、银行支票、邮政汇票、股票、证券、债券、汇票和信用证"。

公约对恐怖融资的规制方式主要是刑事定罪方法，实施反洗钱监管举措和开展国际合作。值得注意的是，反恐融资的洗钱举措相较于普通的反洗钱措施显得非常严厉——公约的措辞为"使用现行效率最高的措施查证"④。例如，可疑交易的报告方式与时间方面，相较于常规的反洗钱可疑交易一般有

① 《联合国制止向恐怖主义提供资助的国际公约》，于2002年4月10日生效，中国于2001年11月14日签署该公约.
② 《联合国制止向恐怖主义提供资助的国际公约》第2条第1款.
③ 《联合国制止向恐怖主义提供资助的国际公约》第2条第4、5款.
④ 《联合国制止向恐怖主义提供资助的国际公约》第18条.

一定的资金额度作为报告门槛，涉嫌恐怖融资的反洗钱可疑交易则无论所涉资金金额或者财产价值大小都应当进行报告，且须"迅速"报告。① 再如，国际合作方面，当出于防止恐怖活动的目的时，缔约国可进一步合作以采取措施监督"所有"汇款机构。②

二、其他国际组织的相关制度考察

（一）金融行动特别工作组（FATF）

FATF 成立于 1989 年，是由成员国（地区）部长发起设立的政府间组织。FATF 的主要任务是制定国际标准，促进有关法律、监管、行政措施的有效实施，以打击洗钱、恐怖融资、扩散融资等危害国际金融体系完整性的活动。FATF 还与其他国际利益相关方密切合作，识别国家层面的薄弱环节，保护国际金融体系免受滥用。

FATF 的建议为各国打击洗钱、恐怖融资和大规模杀伤性武器扩散融资设定了全面、统一的措施框架。各国的法律体系、行政管理、执行体系千差万别，金融体系系统各不相同，难以采取一致的威胁应对措施。因此，各国应当根据本国国情，制定执行 FATF 建议的相应措施。FATF 的建议规定了各国应当建立的基本措施：识别风险、制定政策和进行国内协调；打击洗钱、恐怖融资和扩散融资；在金融领域和其他特定非金融领域实施预防措施；明确主管部门（如调查、执法和监管部门）的权力与职责范围，以及其他制度性措施；提高法人和法律安排的受益所有权信息的透明度和可获得性；推动国际合作。不难发现，FATF 的建议主要着眼于反洗钱的事前预防视角，即设立反洗钱义务主体及其预防措施和反洗钱监管主体及其职责，以及国际合作方面的规定。

1. 反洗钱制度发展

FATF 最初的 40 项建议颁布于 1990 年，旨在打击个人滥用金融体系清洗毒品资金的活动。1996 年，为应对不断变化更新的洗钱趋势和手段，FATF 第一次对建议进行了修订，将打击范围扩大到清洗毒品资金以外的其他犯罪领

---

① 《联合国制止向恐怖主义提供资助的国际公约》第 18 条第 1 款.
② 《联合国制止向恐怖主义提供资助的国际公约》第 18 条第 2 款.

域。2001 年 10 月，FATF 进一步将其职责扩大到打击资助恐怖分子活动和恐怖组织的领域，制定了反恐怖融资 8 项特别建议（之后扩充为 9 项）。2003 年，FATF 第二次修订建议，这些建议加上特别建议，共同组成了国际公认的反洗钱与反恐怖融资（AML/CFT）国际标准，得到全球 180 多个国家（地区）的认可。

2. 反洗钱义务主体及其预防措施

介绍 FATF 建议中的反洗钱义务主体及其义务的论著和文章非常多，具体有《反洗钱立法与实务》①《我国反洗钱立法演变研究》②《全球化视野下中国洗钱犯罪对策研究》③ 等，在此不再重复展开论述各主体类别及其义务，只对以下内容作出说明：其一，为我国在执行 FATF 建议中关于反洗钱义务主体及其义务方面的不足之处；其二，为金融机构与非金融机构所承担的预防性反洗钱义务在国际标准上的细微区别。

首先，反洗钱义务主体包括金融机构和特定非金融主体，金融机构作为经营货币的载体处在洗钱和反洗钱的最前沿地位。与此同时，随着经济发展和洗钱手法的翻新，一些涉及大量资金流动的非金融行业，如房地产、赌场、拍卖行、贵金属和珠宝行业等，以及一些低调、隐蔽的非金融行业如 pizza（比萨饼）店甚至洗衣机店（参见意大利 pizza 店贩毒洗钱案、美国芝加哥的洗衣机洗钱案等）也成为洗钱载体。金融机构和非金融企业的反洗钱义务有许多相通之处，如都须采取客户尽职调查措施、建立记录保存系统、报告可疑交易等。前者则还须制定和实施反洗钱内部控制制度等，且除 FATF 对金融机构作出特别规定外，巴塞尔银行监管委员会也制定了银行业金融机构防范洗钱活动的指引。

目前，我国在执行 FATF 建议关于反洗钱义务主体及其预防措施建立中，金融机构领域较为完善，但特定非金融主体领域还存在不足之处。学者针对《中华人民共和国反洗钱法（修订草案公开征求意见稿）》提出新规仍有完善的余地。例如，应增加对反洗钱义务主体的范围，尤其是特定非金融机构

---

① 张军，郭建安，陈小云. 反洗钱立法与实务 [M]. 北京：人民法院出版社，2007.
② 林安民. 我国反洗钱立法演变研究 [M]. 厦门：厦门大学出版社，2010.
③ 陈捷. 全球化视野下中国洗钱犯罪对策研究 [M]. 北京：中国书籍出版社，2013.

的范围，应包括律师事务所、公证机构、珠宝交易商、公司服务提供商、文物和艺术品拍卖、影视机构。再如，应建立洗钱举报制度的激励机制及反洗钱专业协会等。[①] 其中，反洗钱义务主体的范围，根据FATF的第22条建议，特定非金融行业和职业包括赌场、不动产中介、贵金属和珠宝交易商、律师、公证人、其他独立的法律专业人士及会计师、信托与公司服务提供商。[②] 目前我国的特定非金融行业和职业的反洗钱义务主体，未全部覆盖上述范围。

需要特别指出的是，这些特定非金融主体与金融机构所承担的预防性反洗钱义务，在国际标准方面有略微不同，前者比后者有更为严格的限定。FATF的第22条建议具体指出，客户尽职调查和交易记录保存要求在下列情形下才适用于特定非金融主体：第一，赌场。当客户从事规定限额及以上的交易时（博彩娱乐业天然存在大额资金流动的特性，如果全部按照金融机构报告大额和可疑交易的模式进行，将会对它们的日常经营产生相当的负面影响，反而不利于反洗钱工作的推进。因此，在反洗钱义务方面存在一些特殊之处是有必要的）。第二，不动产中介。为其客户从事不动产买卖交易时。第三，贵金属和珠宝交易商。当其与客户从事规定限额及以上的现金交易时。第四，律师、公证人、其他独立的法律专业人士及会计师。在为客户准备或实施与下列活动相关的交易时，买卖不动产、管理客户资金、证券或其他财产、管理银行账户、储蓄账户或证券账户、从事公司设立、运营或管理的相关筹资活动、法人或法律安排的设立、运营或管理，以及经营性实体买卖。第五，信托与公司服务提供商。在为客户准备或实施与下列活动相关的交易时，担任法人的设立代理人，担任（或安排其他人担任）公司董事、秘书、合伙人或其他法人单位中同级别的职务，为公司、合伙或其他法人或法律安排提供注册地址、公司地址或办公场所、通信方式或办公地址，担任（或安排他人担任）书面信托的受托人或在其他法律安排中承担同样职能的人，担任（或安排他人担任）他人的名义持股人。[③] 与此同时，FATF第23条建议

---

① 贾济东. 反洗钱合规性和有效性将大幅度提高 [EB/OL]. [2021-06-29].

② 《打击洗钱、恐怖融资与扩散融资的国际标准：FATF建议》，2012年2月FATF全会通过，2019年6月更新.

③ 《打击洗钱、恐怖融资与扩散融资的国际标准：FATF建议》，2012年2月FATF全会通过，2019年6月更新.

的释义还指出，如果相关信息是为遵守职业秘密或享有法律职业特权的情况下所获取的，则不要求作为可疑交易进行报告。①

不过，FATF 的 40 条建议中并未对非金融机构与个人作划分，统一归纳于特定非金融行业与职业部分。因此，律师、公证人、其他独立的法律专业人士、会计师和审计在代表客户或为客户进行前文所提及的交易时，贵金属和珠宝交易商在从事规定限额及以上的现金交易时，信托与公司服务商在代表客户或为客户进行前文所提及项目的交易时，应当报告可疑交易。其中律师、公证人、其他独立的法律专业人员以及其他独立的法律专业人员根据其职业特点还有几点尚待完善的部分。这部分特殊职业的人员在需要遵守职业秘密或享有法律职业特权的情况下所获取的信息不要求作为可疑交易进行报告。各国可自行确定法律职业特权或职业秘密涵盖的内容，在正常情况下，包括以下两点：一是律师、公证人、其他独立的法律专业人士在调查其客户的法律状况过程中获取的信息；二是为客户实施辩护，或代表客户参与辩护，或参与客户有关的司法、行政、仲裁或调解程序时获取的信息。各国可允许律师、公证人、其他独立的法律专业人士和会计师向行业自律组织报送可疑交易报告，并规定此类自律组织应与金融情报中心开展适当形式的合作。当律师、公证人、其他独立的法律专业人士以及作为独立法律专业人士的会计师试图劝阻客户参与非法活动时，其行为不构成泄密。

此外，还须注意的是，随着社会发展，如今旅行社或影视公司等未被FATF 建议囊括在内的非金融行业，也开始逐渐成为新的洗钱载体。因此，若从立法实效上考虑，我国《反洗钱法》的立法完善工作还应超越 FATF 建议，对新型洗钱机构或载体进行规制。虽然执行反洗钱规定会对金融机构以及非金融行业等的经营活动造成一定影响，尤其是在我国目前的社会和金融生态环境下，囿于社会信用体系不完善、金融业地区发展不平衡、金融业从业人员水平差异等原因，短期内金融机构以及非金融行业履行有关措施存在一定困难，特别是在如何核实客户及其实际收益人的真实身份以及有效识别可疑交易方面都会有一些实际的困难。但是，从中长期看，全面执行反洗钱法律

---

① 《打击洗钱、恐怖融资与扩散融资的国际标准：FATF 建议》，2012 年 2 月 FATF 全会通过，2019 年 6 月更新．

法规以及 FATF 制定的标准，有利于金融机构以及非金融行业加强风险管理和
开展审慎经营等，避免因纵容或忽视可疑交易而卷入行政或司法程序所导致
的负面影响和经营损失，以实现长期的可持续发展。

3. 国际合作

随着经济全球化，各国获得世界经济一体化红利的同时，经济安全也正
遭受到跨国洗钱活动的侵蚀。在这种情况下，国家与国家之间必须通过加入
国际组织、签订公约、条约或协定等方式积极努力开展国际合作。其中，加
入国际组织具有重要意义，这是因为缔结公约、条约或协定的前提在于各国
的法律制度或法律理念有共通之基础以达成共识，而这种基础有赖于各国的
国内反洗钱立法及政策所达到的标准不相上下。否则，在两国的立法及政策
都差距甚远的情况下，根本无从缔结公约。因此，FATF 所制定的 40+9 建议
具有特别意义。毕竟这一建议是目前国际反洗钱领域最为权威的国际标准，
从长远看，为使各国顺利开展反洗钱及反恐融资国际合作，各国据此在其国
内确保政策制定部门（policy makers）、金融情报机构（FIU）、执法部门
（law-enforcement）和监督部门（supervisors）之间有拥有一套有效且协调的
机制，才是真正使各方能够在打击洗钱和恐怖分子筹资行动的过程中开展相
互合作的举措。2007 年 6 月 28 日，经大会一致同意中国成为 FATF 的正式成
员，这对我国的反洗钱国际合作具有深远意义。

目前，FATF 建议已经形成了预防、控制洗钱以及对洗钱犯罪进行刑事惩
处的国际法原则或国际通行规则，如客户尽职调查机制，可疑交易报告机制，
对洗钱犯罪可以处以监禁、罚金等刑事处罚，对洗钱犯罪适用"或引渡或起
诉"原则等，实质性地缩小各国在打击洗钱活动方面的差距，提高国际合作
的可行性。

由于详细介绍 FATF 建议的论著和文章非常多，为免赘述，本书在论述
FATF 时，仅围绕我国在执行 FATF 建议中的不足之处展开。具体包括我国反
洗钱义务主体及其预防措施方面，金融机构与非金融机构所承担的预防性反
洗钱义务方面，反洗钱监管主体的设立方面以及国际合作方面等，经与 FATF
标准相对照后有哪些可提升空间。总体而言，我国现行法律须（在国家立法
层面）对特定非金融行业的反洗钱管理体制做出明确规定，并协调承担不同

职责的反洗钱监管主体的工作。

（二）埃格蒙特集团（Egmont Group）

埃格蒙特集团于 1995 年 6 月在布鲁塞尔成立，是一个旨在加强各国之间相互独立的金融情报机构（Financial Intelligence Unit，FIU），相互合作和情报信息交流共享的非正式组织。具体而言，其宗旨包括扩大金融情报的交流规模并使其系统化。主要文件包括《宗旨声明》《加入埃格蒙特集团的程序》《埃格蒙特集团关于金融情报机构概念的解释》《金融情报机构之间交流洗钱案件情报的原则》等。① 该集团的主要贡献在于明确了金融情报机构的定义、地位、情报交流等重要内容以供各国参考，极大促进了国际金融情报交流工作。同时也体现出了对《FATF 40 项建议》中第 29 条和第 40 条建议的细化。

制定并深化关于反洗钱国际合作的文件及信息交流制度是埃格蒙特集团的核心工作和主要贡献。有别于《巴勒莫公约》《维也纳公约》《联合国禁止资助恐怖主义公约》等，主要从搜查、查封和没收犯罪收益的角度开展合作，埃格蒙特集团提供的则是金融情报交流合作的角度。金融情报制度作为金融监管机构和情报部门的合体，是新形势下的制度创设。根据《埃格蒙特集团关于金融情报机构概念的解释》，金融情报是指关于涉嫌金融犯罪的所得信息以及由国家法律或法规规定，为打击洗钱或恐怖融资行为的信息。简言之，金融情报是指由法律法规规定，涉及金融犯罪或涉及打击洗钱与恐怖融资的信息。②

具体而言，《金融情报机构之间交流洗钱案件情报的原则》规定，埃格蒙特集团旨在促进各成员国金融情报机构及其信息交换的发展，其在《宪章》和《宗旨声明》中明确将促进信息交流作为其优先事项，并克服阻碍跨界信息共享的障碍。③《埃格蒙特金融情报机构活动和信息交流操作指南》规定，无论上游犯罪的定义有何不同，各金融情报机构间都应争取实现自由交换信

---

① 陈捷，张煜. 全球化视野下中国洗钱犯罪对策研究［M］. 北京：中国书籍出版社，2013：41.

② 陈捷，李斯琦，韩静. 金融情报制度与国家情报法的关系初探［J］. 北方金融，2019（8）.

③《金融情报机构之间交流洗钱案件情报的原则》第 3 页.

息。① 且只要有可能，信息交流应不需要谅解备忘录（MOU）。但若金融情报机构应国内立法要求签署谅解备忘录以交换信息，则应考虑不对信息交换设置不适当的障碍或限制，并在外国金融情报机构要求合作之前，尽一切努力签订该等谅解备忘录。② 在具体的信息交流过程中，理想情况下，提出请求的金融情报机构应向其外国同行发送一封意向书，拟议的谅解备忘录文本和相关国内立法，收到请求的金融情报机构应努力在合理的时间内作出回应，说明对备忘录草案的拟议修订，并附上相关的国内条款。双方一旦达成谅解备忘录，就应安排签署备忘录的方式。③

虽然目前《中华人民共和国国家情报法》④ （以下简称《情报法》）中没有提到中国人民银行、中国反洗钱监测分析中心等在金融情报制度中占据重要职权的机构，但并不能就此得出国家情报法与金融情报没有联系。相反，因金融情报经常涉及国家安全与国家利益，与金融情报有关的情报搜集与分析工作也属于国家情报法的应有之义。如前所述，依据《中华人民共和国中国人民银行法（2003 修正）》第 4 条规定，中国人民银行履行的职责包括指导、部署金融业反洗钱工作以及负责反洗钱的资金监测。据此，人民银行内部所设的某一单位将负责接收和分析金融机构等负有报告义务的机构所报告的大额和可疑交易，承担国际上通行的金融情报中心（FIU）的核心职能。加强情报工作和金融情报机构的协调性也是立法修改的方向之一。

有别于联合国和金融行动特别工作组（FATF）涉及多个反洗钱工作方面的国际组织，埃格蒙特集团只围绕金融情报中心工作展开，其主要文件《宗旨声明》《加入埃格蒙特集团的程序》《埃格蒙特集团关于金融情报机构概念的解释》《金融情报机构之间交流洗钱案件情报的原则》等都致力于设立一个统一的金融情报中心标准，以便各国对照建立并展开反洗钱国际合作。虽然我国因台湾地区问题尚未全面加入埃格蒙特集团（仅香港特别行政区和澳门

---

① 《埃格蒙特金融情报机构活动和信息交流操作指南》第 4 页.
② 《埃格蒙特金融情报机构活动和信息交流操作指南》第 5 页.
③ 《埃格蒙特金融情报机构活动和信息交流操作指南》第 5 页.
④ 《中华人民共和国国家情报法》在第十二届全国人民代表大会常务委员会第二十八次会议上审议通过，2017 年 6 月 28 日起开始实施，旨在加强和保障国家情报工作，维护国家的安全稳定和保护国家利益不受侵犯.

特别行政区加入了该组织），但从埃格蒙特集团对金融情报中心的基本规定来看，我国承担金融情报中心职能的中国人民银行，实质性符合该组织所规定的金融情报中心职能。但在开展情报交流的国际合作方面，我国所提供的合作便利度仍与埃格蒙特集团的标准有一定的差距。

（三）沃尔夫斯堡集团

沃尔夫斯堡集团是由 13 家全球银行组成的联盟，旨在为金融犯罪风险管理制定框架和指导，特别是关于了解您的客户（Know Your Customer）、反洗钱（Anti-Money Laundering）和反恐怖主义融资政策（Counter Terrorist Financing policies）。该集团于 2000 年在透明国际（Transparency International）和巴塞尔大学（University of Basel）的帮助下起草了私人银行反洗钱指导方针，并告成立。该集团发布了《私人银行全球反洗钱指导原则》（2000 年、2003 年修订）、《反对恐怖融资的承诺》（2001 年发布，2002 年修订）、《制止恐怖融资的声明》（2002 年）、《代理行反洗钱原则》（2002 年）和《甄别、审查和调查的声明》（2003 年）、《沃尔夫斯堡有关互惠基金及其他汇集投资工具的防止清洗黑钱指引》（2006 年）、《沃尔夫斯堡有关信用卡/签账卡发卡及商户收单活动的反洗钱指引》（2009 年）。①

（四）国际刑警组织

国际刑警组织是各个国家刑事警察部门联合组成的国际组织，其宗旨是保证和促进各成员刑事警察部门在预防和打击刑事犯罪方面的合作。其主要任务是收集、审核国际犯罪资料，研究国际对策，负责成员国之间的情报交换，通报追捕重要罪犯和编写有关刑事犯罪方面的资料等。中国于 1984 年加入该组织。

1. 洗钱行为的定义

为应对成员国在反洗钱方面的需求，国际刑警组织设有一个专门的反洗钱部（Interpol Anti-Money Laundering Unit）来提供相关培训、组织会议和传播信息。具体而言，在反洗钱立法方面，国际刑警组织指出，洗钱是隐藏或掩饰非法所得的身份，使其看起来具有合法来源，它往往是其他更严重的罪

---

① 李若谷. 反洗钱只是读本 [M]. 北京：中国金融出版社，2005：370.

行（如贩毒、抢劫或勒索）的组成部分，犯罪团伙通过银行、空壳公司、中介机构和资金转汇者在全球范围内转移非法获得的资金，试图将非法资金整合到合法的商业和经济中。① 国际刑警组织认为，对洗钱的调查通常与对产生收益的原罪的调查密切相关，金融调查的目的是查明非法收入的来源、流动和下落，并揭露所涉网络，以便（执法机关）冻结或没收非法获得的资产，对最初的犯罪行为和随后的洗钱行为的肇事者进行起诉。

2. 反洗钱义务主体及其预防措施

关于反洗钱义务主体及其预防措施，国际刑警组织并非传统地直接规定义务主体如金融机构等及其义务，而是特别从刑事程序（起诉）的角度阐述了反洗钱义务主体的作用——收集的金融信息可以成功起诉洗钱者、毒品贩运者以及其他罪犯，成为没收直接或间接通过使用来自毒品贩运和其他犯罪的收益所获得的财产的依据。

1989 年 11 月 27 日至 12 月 1 日，国际刑警组织在里昂举行了第 58 届国际刑警组织会议，会议中提到了《有关洗钱和相关事项的决议》。该决议对金融情报信息在控制洗钱中的重要性给予了充分肯定，强调利用金融信息可以成功起诉洗钱者。该决议指出："建议各国行政当局：A. 采取措施，记录并酌情报告与麻醉品交易和其他犯罪，包括涉及本国货币和（或）外国货币的可疑大额货币交易和大额货币兑换有关的、由其产生的、与之有关的或由此产生的财务资料；B. 将上述财务信息提供给国际刑警组织数据库，或为上述财务信息建立自己的数据库，并提供成员国法律允许的信息；C. 同意这些数据库可包括下列信息：（1）大额货币交易、兑换人员；（2）为其进行交易、交换的个人或者组织；（3）受该等交易和交易所影响的账户；（3）适当时扣押、没收的数额。"② 由此可见，国际刑警组织亦规定了反洗钱义务主体须履行的如保存记录、可疑以及大额交易报告等义务，并要求各国的相关主管机关收集这类信息并提交给国际刑警组织。

---

① Interpol. Fighting money laundering goes hand in hand with investigating the crimes it is linked to [EB/OL]. [2021-07-15].

② FOPAC. Interpol Resolution AGN/58/RES/4 [EB/OL]. [2021-07-15].

3. 国际合作

有别于金融行动特别工作组、埃格蒙特集团、沃尔夫斯堡集团等致力于促使各国以尽量统一的高反洗钱水准开展打击洗钱活动，以实质性地缩小各国在打击洗钱活动方面的差距，提高国际合作的可行性，国际刑警组织则致力于为各国进行国际情报交流与共享工作提供平台，充实反洗钱国际合作的形式。

反洗钱国际合作的种类繁多，至少包括交流洗钱犯罪的情报，对洗钱犯罪进行联合调查和获取证据，设计洗钱犯罪的账户查询和冻结，对洗钱犯罪所得和收益等资产的没收和追缴等。其中，情报交流和联合调查等则都是国际刑警组织可以发挥重要作用的方面。早在 1990 年，国际刑警组织即成立了"犯罪资金调查组（FOPAC）"①，专门负责制订方案并监督与国际犯罪活动有关的资金流动的调查。② 同时，国际刑警组织还定期出版《金融资产纲要集》，分析各成员国处理的洗钱案件的情况，各成员国从这些机制和出版物中可以获取信息并进行交流，以便开展国际合作。

国际刑警组织关于反洗钱问题的实质性规定较少，其担任的主要是提供反洗钱国际合作平台的角色，旨在设立便于信息交换的机制，监督国际犯罪的机制，提供相关培训等。就此而言，我国应充分利用国际刑警组织提供的资源平台以提升打击跨国反洗钱工作的有效性。

（五）欧盟

反洗钱指令（Anti-Money Laundering Directive，AMLD）是欧洲反洗钱指令的基石，该指令于 2015 年发布并于 2018 年修订，该指令体现了 FATF 建议中的主要内容，要求金融领域以及特定非金融领域中的义务主体，向金融情报部门报告任何可疑交易。2020 年 5 月，欧盟委员会通过了一项关于防止洗钱和恐怖融资的行动计划，以提高欧盟反洗钱制度的有效性。根据该行动计划，欧盟委员会于 2021 年 7 月通过了一套新的反洗钱方案，建议形成直接适

---

① FOPAC：Fonds Provenant d'Activités Criminelles, a Interpol working groups formed to develop programs and to monitor investigations involving the movement of funds associated with international criminal activity.

② FOPAC. Interpol Resolution AGN/58/RES/4 ［EB/OL］. ［2021-07-15］.

用于私人实体以及反洗钱机构（包括欧盟层面的监管机构）的单一规则手册。经过30余年的发展，欧盟形成了强有力的反洗钱框架，其所制定的规则影响深远，超越了FATF所采用的国际标准。

1. 洗钱的刑事定罪

2018年10月23日，欧洲议会和理事会发布《关于通过刑法打击洗钱的指令》（2018/1673），该指令规定了关于洗钱领域刑事犯罪和制裁的定义的最低限度规则。对于洗钱的上游犯罪，该指令要求依照各国法律，剥夺自由最高期限在1年以上或者最低期限超过6个月以上的罪行均应属于洗钱罪的上游犯罪。[①] 依据该指令，洗钱主要包括以下三类行为：一是知道财产来源于犯罪活动，为了隐藏或伪装非法来源财产或协助任何人逃避相关法律后果而实施的转换或转让财产的行为；二是明知财产来源于犯罪活动而对财产的真实性质、来源、地点、处置、移动、权利或所有权进行隐瞒或伪装；三是明知财产来自犯罪活动而取得、占有或使用财产。在主观方面，仅要求犯罪人怀疑或者应当知道财产来源于犯罪活动。[②] 此外，该指令还明确提出了法人洗钱的刑事责任，既包括法人实施洗钱行为的刑事责任，也包括法人因其监督或管理过失而导致其他主体为法人利益或基于授权所实施洗钱行为的法律责任。

2. 反洗钱义务主体及其预防措施

1980年，欧洲委员会通过的《防止转移和保存来源于犯罪资金的措施》提出，银行系统可以在反洗钱中发挥有效的预防作用。具体而言，欧洲共同体理事会在1991年公布了《关于防止利用金融系统洗钱的指令》（91/308/EEC），对防治利用金融系统进行洗钱提出了识别客户身份、记录保存、配合有关部门打击洗钱活动（如报告可疑交易）、反洗钱工作信息的保密义务等。随后，2001年，因联合国于2000年通过了《打击跨国有组织犯罪公约》，欧盟为实施该公约发布了《为修正防止洗钱目的利用金融系统的指令》（2001/97/EC），对1991年的指令进行了完善，并将指令的适用范围扩大到了其他行

---

① Directive (EU) 2018/1673 of the European Parliament and of the Council on Combating Money Laundering by Criminal Law, article 2.

② Directive (EU) 2018/1673 of the European Parliament and of the Council on Combating Money Laundering by Criminal Law, article 3.

业和机构，加强了反洗钱力度。欧盟还建立了新的全面举报人保护机制，将于 2021 年之前实施以弥补反洗钱指令中关于举报人保护的规则。

现行关于反洗钱与反恐怖融资的主要法律文件为 2015 年发布的第 2015/849 号指令。该指令对利用金融系统防制洗钱与恐怖融资作出细致规定，第 2018/843 号指令对其进行了修订。在该指令之下，反洗钱义务主体主要包括信贷机构、金融机构、从事特定业务活动的自然人或法人① （包括 a. 审计师、外部会计师和税务顾问；b. 公证员和其他独立的法律专业人员在从事金融、房地产交易或其他洗钱高风险活动时；c. 信托或公司服务提供商；d. 房地产经纪人；e. 涉及 10000 欧元以上现金支付或以现金支付的其他货物交易；f. 赌博服务）。第 2018/849 号指令对这一范围进一步扩大，增加了从事虚拟货币与法定货币交换服务的提供商、托管服务供应商、涉及交易达 10000 欧元以上的艺术品交易或中介人员，以及为上述艺术品交易提供储存、中间服务的人士。对风险评估，指令分为三个层次：一是欧盟层面的风险评估，由委员会对影响国内市场和跨境活动有关的洗钱和恐怖融资风险进行评估②；二是各成员国对国内风险进行评估，确定风险较高、较低的部门，并利用风险分析结果确定洗钱与恐怖融资相应资源分配的优先次序，为各领域规则制定奠定基础③；三是义务主体采取适当措施开展风险自评估，充分考虑客户、国家、地理区域、产品、服务、交易或交付渠道等风险因素。④ 关于反洗钱与反恐怖融资具体预防措施，诸如客户尽职调查、报告义务、禁止披露义务、记录保留等义务基本复制了 FATF 的建议。值得注意的是，该指令对于公民信息保护作出较为苛刻的要求，在依据本指令处理个人资料时，须遵守 95/46/EC（已废止，欧盟现行关于数据保护的条例为《通用数据保护条例》，GDPR）关于数据保护的规定。个人数据仅应由义务主体根据本指令的要求进行处理，处理方式不得与反洗钱与反恐怖融资这一基本目的相悖，也不得将个人数据作其他用途。同时，该指令还要求成员国通过立法措施全部或部分限制当事

---

① Directive（EU）2015/849, Article 2.
② Directive（EU）2015/849, Article 6.
③ Directive（EU）2015/849, Article 7.
④ Directive（EU）2015/849, Article 8.

人查阅与其相关的个人资料的权利①，在其他各条款的规定中也着重突出了数据保护问题。为保障上述预防措施的履行，各成员国应当要求各义务实体建立内部程序，并且应尊重其他成员国依据欧盟指令所作的规定。在监管方面，指令主要在以下四方面对成员国作出特殊要求：首先，货币兑换和支票兑现机构以及信托或公司服务提供商应获得许可或注册，博彩服务提供商应受到监管；其次，主管当局应对义务主体进行有效监测，采取相关措施确保义务主体对指令的遵守；再次，对于信贷机构、金融机构和提供赌博服务的，应当加强监管；最后，主管当局应当对风险情况形成良好认知，包括不合规风险，并在其管理和运营中发生重大事件或发展时进行审查。

另外，近年来欧盟也在不断加强对涉腐洗钱行为的监测与打击，其中对于"政治公众人员"的规定值得研究和参考。欧盟 2015 年第 849 号针对反洗钱的指令中，对"政治公众人员"做出更为广义的解释，即"政治公众人员"不仅限于行为人具有授权行使公共职责及相同的情形，而是指行为人具有行政权力或是由于其是某一领域中的代表，又或是有承担公共职责的情形。② 作为欧盟成员国，意大利对欧盟反洗钱指令进行国内法的衔接，意大利反洗钱法中的"政治公众人员"范围比较广泛，不仅仅有国家首脑、部长或副部长、大区长官、国家议会成员和立法机构成员等高级别公职人员，还包括意大利国内各行政级别的议会成员及立法机构成员，甚至包括在医院、大学中工作的这些中等行政级别的人员。将中等行政级别的公职人员或承担相似职责的人员都纳入具有较高洗钱风险的"政治公众人员"，这是由意大利国家金融安全委员会③根据上述类别的人员在金融系统，包括银行、金融机构等中的账户调查和监测后划定的反洗钱风险。2019 年，意大利对国内反洗钱法做出修订，再次扩大了"政治公众人员"的范围，这一概念的扩展体现在上述授权委托履行公职人员、司法附属机构中的人员，这些人员即使结束工作

---

① Directive（EU）2015/849，Article 41.

② GIAMPAOLO ESTRAFALLACES. Il Concetto di "Persona Politicamente Esposta"（PEP）: dalle Indicazioni del GAFI e dell'Unione Europea al Recepimento della IV Direttiva Antiriciclaggio［EB/OL］.［2020-11-30］.

③ 这一机构的成员来自意大利政府各个部级机构，监察部门、金融信息统一办公室（FIU）、国家警察.

后，仍然属于应加强监管"政治公众人员"的范围。

在反洗钱的区际合作方面，欧盟主要关注各成员国金融情报中心之间的合作，逐步在欧盟层面推进在金融情报的分享。除了确保各金融情报中心对其他成员国的请求及时回复之外，欧盟要求成员国在技术方面开展全面合作，从而实现各金融情报机构的数据通过匿名的方式进行匹配。在确保个人数据被充分保护的前提下，对收益和资金进行监测。① 同时，欧盟也着力构筑欧盟层面的情报协调与支持机制。欧盟负责查明具有跨国性质的可疑交易，联合分析跨国案件，评估各国家和跨国洗钱与恐怖融资风险趋势，并不断完善关于各国金融情报中心开展工作的标准，促进金融中心的能力建设。

（六）亚太反洗钱组织

亚太反洗钱组织（The Asia/Pacific Group on Money Laundering，APG）成立于 1997 年，组织包括 41 个成员和 29 个观察员，是目前全球成员最多和覆盖区域最大的区域性反洗钱国际组织，在区域性反洗钱工作中发挥着重要作用。中国是亚太反洗钱组织的创始成员之一，于 2009 年 7 月正式恢复了在亚太反洗钱组织的成员活动。② 亚太反洗钱组织主要功能如下③。

1. 相互评估：通过相互评估（同行评审）计划评估其成员司法管辖区对全球 AML/CFT 标准的遵守程度。

2. 技术援助和培训：秘书处为其成员协调在亚太地区的双边和捐助机构（Donor agency）④ 提供技术援助和培训，以提高与全球标准符合度。

3. 类型化研究：对洗钱和恐怖主义融资方法和趋势的研究、分析是亚太反洗钱组织的一项关键职能，可协助政策制定者、立法者、执法机构和公众识别和应对新出现的洗钱/恐怖主义融资的趋势、方法和可能出现的风险。

4. 全球参与：亚太反洗钱组织为国际反洗钱政策制定做出贡献，积极参

---

① Directive（EU）2015/849，Article 56.

② 中国人民银行反洗钱局. 中国恢复在亚太反洗钱组织（APG）的成员活动［EB/OL］.（2009-08-06）［2021-07-15］.

③ 亚太反洗钱组织. Key Roles［EB/OL］.［2021-07-22］.

④ Donor agency means a foreign bilateral or multilateral agency, UN agency, international NGO or the Banks. Donor agency means foreign government or organization/institution that provides support in social welfare activities or activities of social service or development.

与全球金融服务机构网络的建设，并参加了多个 FATF 工作组及其全体会议。

5. 私营部门参与：私营部门的参与对于亚太反洗钱组织的总体目标至关重要，亚太反洗钱组织积极与亚太地区的金融机构、特定非金融机构、非营利组织、培训中心以及高校合作，以更好地向公众和专家通报与货币有关的全球问题。

亚太反洗钱组织还协助其成员建立国家协调机制，以更好地统筹资源打击洗钱和恐怖主义融资。

三、国际组织的启示与借鉴

经过多年多方的共同发展，联合国、金融行动特别工作组、埃格蒙特集团、沃尔夫斯堡集团、国际刑警组织、巴塞尔银行监管委员会等国际组织及以欧盟为代表的区际组织，从洗钱罪行的定义、反洗钱义务主体及其义务、反洗钱监管主体及其职责、金融情报的收集与交流、国际合作等方面对各国的反洗钱工作提出要求，规定了各种防范洗钱的法律法规，如客户尽职调查、记录保存、可疑交易报告、反洗钱行政管理体制等。从不同方面，结合不同时期对打击洗钱活动进行规制。经研究，可以将国际社会在防范洗钱方面的特点大致归纳为：防范洗钱的法律机制逐渐完善，防范洗钱的领域逐渐增多，反洗钱法律法规内容趋同性明显。

必须意识到，国际公约的相关规定和 FATF 的 40 项建议有助于完善我国反洗钱立法。公约规定的洗钱犯罪上游犯罪广泛，反洗钱义务主体范围较大，且各国际组织的反恐融资立法逐渐加强，金融情报机构的功能越来越受重视。

第三节 域外反洗钱特殊法律制度考察

一、受益所有权登记制度：以美、英、加为例

根据反洗钱的现实需要，国际反洗钱努力由传统的依赖于规范规制洗钱向以风险为导向的预防性反洗钱方向转变。其中，最重要的一项措施就是受

益所有权登记制度，美国与英国已经建立了此项制度，加拿大也在积极确立此制度。

（一）美国的收益所有权登记制度

美国 2020 年《反洗钱法》规定建立由金融犯罪执法网络（FinCEN）执行的受益所有权登记数据库，确立商业实体受益所有权登记制度。美国执法部门认为，缺乏对商业实体的受益所有权登记助长了犯罪分子利用空壳公司保存资产，进行金融交易的行为。这一重大漏洞削弱了美国打击洗钱和恐怖主义融资的努力。美国 2020 年《反洗钱法》旨在通过建立由 FinCEN 管理的统一的联邦受益所有权登记制度来缓解上述困境。[1]

由于美国 2020 年《反洗钱法》侧重于规范空壳公司，因此许多在美国证券交易委员会（SEC）注册的公司、由美国联邦存款保险公司（Federal Deposit Insurance Corporation，FDIC）保险的金融机构以及实体位于美国且已报税的企业被豁免了注册要求。[2] 需要注册的实体必须披露其受益所有人，即直接或间接对实体"实施实质性控制"或拥有、控制此类实体超过 25% 的所有权人。[3] FinCEN 通常不能披露实益所有权信息，除非是向执法机构和监管机构披露，以及在得到报告公司授权的情况下，出于客户尽职调查要求，向金融机构披露。[4] 故意在未经授权的情况下披露或使用从 FinCEN 处获得的受益所有权信息的将承担民事责任，并处以罚款和 5 年以下的监禁。[5]

尽管如此，美国 2020 年《反洗钱法》不会降低对金融机构的客户尽职调查的要求。该法规定，此法中任何内容均不得被解释为"授权财政部废除金融机构识别和验证法人实体受益所有人的要求"[6]。但是，美国 2020 年《反洗钱法》确实指示财政部在实施条例颁布后的一年内修改客户尽职调查规则，以减轻金融机构和法人实体在新注册要求下不必要的负担。[7] 如果财政部简化

---

① AMLA 2020, § 6403 (a) (adding 31 USC § 5336).

② AMLA 2020, § 6403 (a) (adding 31 USC § 5336 (a) (11) (B).

③ AMLA 2020, § 6403 (a) (adding 31 USC § 5336 (a) (3).

④ AMLA 2020, § 6403 (a) (adding 31 USC § 5336 (c) (2).

⑤ AMLA 2020, § 6403 (a) (adding 31 USC § 5336 (h) (3) (B).

⑥ AMLA 2020, § 6403 (d) (2) (B).

⑦ AMLA 2020, § 6403 (d) (1).

金融机构访问 FinCEN 受益所有人数据库进行客户尽职调查的程序，金融机构对法人实体实施客户尽职调查的负担可能会大大减轻。

（二）英国的海外实体登记册制度

2015 年，时任英国首相戴维·卡梅伦（David Cameron）首次提出了离岸财产所有者登记册，作为防止犯罪分子和腐败外国官员通过昂贵的英国财产洗钱的一系列措施的一部分。由于该法一直被推迟，因此离岸财产所有者登记册制度直到最近才正式建立。2022 年 3 月 15 日通过的 2022 年《经济犯罪（透明度和执法）法》创建了一个海外实体登记册制度（Register of Overseas Entities）。该制度旨在结束通过离岸空壳公司的匿名财产所有权，要求英国财产的任何海外所有者，包括隐藏在空壳公司、信托或基金会等保密设备后面的所有者向英国公司注册处披露其身份，并适用于过去 20 年内海外公司在英格兰和威尔士购买的任何房产。不遵守登记制度将被处以最高 5 年的监禁，或每天最高 500 英镑的罚款。虽然此次立法改革是一大进步，但该改革可能不会在解决"英国经济犯罪祸害"的目标方面取得实质性进展，① 这一改革需要时间来实施。然而，此次改革的真正价值可能在于威慑效果——如果监管得当，未来几代的犯罪分子和腐败分子在英国房地产市场分离隐没（sequester）他们的非法财富或利用英国公司进行洗钱计划时可能会三思而后行。②

此外，英国已经建立了有重大控制权人的登记制度（People with significant control，PSCs），该登记制度要求向公众确认公司的受益所有权人，受益所有权的详细信息必须包含在登记册中。③ 2017 年，英国还建立了一个不公开的信托登记册，并有意引入财产和土地的受益所有人登记制度。

（三）加拿大的受益所有权登记计划

2021 年，加拿大发布的年度预算承诺到 2025 年实施可公开访问的公司受益所有权登记制度。该数据库将存储最终拥有和控制数百万家私营公司的详

---

① WOOD H，WESTMORE K，NIZZERO M. The Economic Crime Act 2022：A Starting Point, Not an End［EB/OL］.（2022-04-05）.

② WOOD H，WESTMORE K，NIZZERO M. The Economic Crime Act 2022：A Starting Point, Not an End［EB/OL］.（2022-04-05）.

③ "People with Significant Control（PSCs）"（GOV. UK）［EB/OL］.（2022-04-09）.

细信息，但至少要到 2025 年才能投入使用。开放的数据可以使得记者、民间社会和其他利益相关者参与调查洗钱行为，这对加拿大尤其重要。"因为执法和监管机构调查国内犯罪的能力有限，更不用说调查境外的犯罪活动了。"①该登记处的创建将增强加拿大识别和起诉企图洗钱、逃税或犯下其他复杂金融犯罪的人的能力。透明的公司数据还会使得执法部门和监管机构能够更有效地开展调查，而无须烦琐的司法协助请求或避免向他们正在调查的实体泄露信息的风险。除此之外，透明的数据能够使尽职调查更加有效，并帮助报告实体履行合规义务。②

综上，上述国家受益所有权登记规则是解决洗钱问题的关键举措，因为匿名空壳公司便利了有组织的犯罪团伙、腐败分子以及逃避制裁行为人的洗钱活动。这也是 FATF 乐于实施更严格的全球受益所有权规则的原因。通过受益所有权登记，可以阻止犯罪分子将非法活动收益隐匿于秘密公司。需要特别指出的是，FATF 已同意修订建议第 24 条及其解释性说明，要求各国确保主管当局能够获得有关公司真正所有者的充分、准确和最新的信息。根据新修订的建议，FATF 要求各国确保受益所有权登记机构持有受益所有权信息，并禁止了新的不记名股票，加强对现有不记名股票和代名人安排的披露要求，以阻止这些股票被用来掩盖洗钱活动。③

二、举报人奖励和保护制度：以美国为例

美国 2020 年《反洗钱法》的主要条款之一是扩大举报人奖励和保护制度。根据美国法典第 31 卷第 5323 条，《银行保密法》授权向因提供原始信息而使得政府对违反《银行保密法》的行为罚款、民事处罚或没收的举报人支付报酬。不过，由于《反洗钱法》没有提供奖励的下限，这意味着举报人可能只获得一份象征性的奖励，并且美国财政部有权酌情决定而不是有义务

---

① Transparency International Canada, Snow-washing, Inc-How Canada is marketed abroad as a secrecy jurisdiction（March 2022），p. 6.

② Transparency International Canada, Snow-washing, Inc – How Canada is marketed abroad as a secrecy jurisdiction（March 2022），p. 6.

③ The official site of the FATF, Outcomes FATF Plenary, 2-4 March 2022［EB/OL］.（2022-04-09）.

给付最高 15 万美元的报酬，因此第 5323 条对反洗钱执法没有产生太大
影响。

但是，2021 年通过的《美国反腐败战略》还倡议一项新的试点计划，即
盗窃统治资产追回奖励计划，以补充美国司法部自 2010 年以来开展的盗窃统
治资产追回计划。盗窃统治资产追回奖励计划是根据美国《国防授权法》
（*The National Defense Authorization Act*，NDAA）制订的举报人奖励计划，旨在
鼓励提供信息以帮助追回被盗资产。

三、针对"政治公众人员"的加强监管制度：以 FATF、欧盟为例

根据 FATF"新 40 项建议"第 12 项建议的规定，对于外国的政治公众人
物（作为客户或受益所有人）除采取一般的客户尽职调查措施外，各国还应
当采取特殊和强化的监测和检查标准。具体包括：建立适当的风险管理机制，
建立或维持业务关系必须获得高管批准，采取合理措施确定其财产和资金来
源，对业务关系持续强化监测。并且，这些规定也适用于政治公众人物的家
庭成员或关系密切的人。

另外，一直以来，欧盟的反洗钱指令都将"政治公众人员"作为加强反
洗钱监管的特殊对象。2015 年，欧盟第 849 号反洗钱指令中，对"政治公众
人员"作出更为广义的解释："政治公众人员"不仅限于行为人具有授权行使
公共职责及相同的情形，而是指行为人具有行政权力或是由于其是某一领域
中的代表又或是有承担公共职责的情形。[①]

作为欧盟成员国，意大利国内对欧盟反洗钱指令应进行国内法的衔接，
意大利《反洗钱法》中的"政治公众人员"范围比较广泛，不仅仅包括国家
首脑、部长或副部长、大区长官、国家议会成员和立法机构成员等高级别公
职人员，还包括了意大利国内各行政级别的议会成员及立法机构成员，甚至
包括在医院、大学中工作的人员，这些中等行政级别的人员。之所以将中等
行政级别的公职人员或承担相似职责的人员都纳入具有较高洗钱风险的"政

---

① GIAMPAOLO ESTRAFALLACES. Il Concetto di "Persona Politicamente Esposta" （PEP）:
dalle Indicazioni del GAFI e dell'Unione Europea al Recepimento della IV Direttiva Antiriciclag-
gio ［EB/OL］. （2022-11-30）.

治公众人员"的原因，是由意大利国家金融安全委员会①根据上述类别的人员在金融系统，包括银行、金融机构等中的账户调查和监测后划定的反洗钱风险。2019 年，意大利对《反洗钱法》做出修订，其中再次扩大了对"政治公众人员"的定义，将这一概念的扩展体现在对上述授权委托履行公职人员、司法附属机构中的人员即使结束工作后，仍然属于应加强监管"政治公众人员"的范围。

四、针对投资移民的反洗钱制度：以新西兰为例

在针对投资移民的反洗钱工作中，最关键的是对资金来源合法性与真实性的严格审查。在这一点上，新西兰的做法值得我们学习。

新西兰是全球投资移民的一个重要流入国，作为移民国家，新西兰对移民立法具有较为先进之处。因此，在投资移民方面，对投资资金转款途径和方式的管理也十分严格，主要体现在对投资资金的转账方式作出强制性的规定。具体包括：一是要求资金汇入应当能够建立一条可追溯的链条，包括资金来源与资金所有人身份，资金必须从投资移民申请者所在国直接打入移民流入国，且转账的金融机构应是合法成立运营的；二是通过现金转移资金，要求符合新西兰的转款规定，符合移出国的现金管理和限制性规定；三是通过外汇交易公司转移资金，应符合新西兰和资金转出国的法律，要求通过银行系统转账，申请人提交的材料中应能体现出转账是直接从银行转至外汇交易公司，且外汇交易公司应是合法运营，不允许通过涉嫌或已被证明有欺诈或非法挪用行为的公司进行转账。② 通过严格限制转款途径和方式，新西兰有效降低了通过地下钱庄、电子汇款系统进行洗钱转账的可能性，在很大程度上控制了利用投资移民进行洗钱的风险，能够较好地实现预防贪腐人员利用投资移民转移资产及入籍的作用。

此外，实践中还有不少国家对资金入境的渠道和方式作出明确的限制性规定。比如，阿根廷法律规定投资移民申请者提供资金来源合法性的证明材

---

① 这一机构的成员来自意大利政府各个部级机构，监察部门、金融信息统一办公室（FIU）、国家警察.

② Research and statistics［EB/OL］.（2022-05-19）.

料，投资资金必须通过阿根廷央行授权的金融机构和银行汇入。又如，希腊政府 2018 年对非欧盟公民使用信用卡购买房产换取签证展开了调查，并停止接受 POS 机方式（包括银联、MASTER、VISA 等）支付购房款，只能通过汇款或支票支付。①

五、反洗钱法的域外管辖与适用制度：以美、澳、加为例

（一）美国：不断扩大反洗钱域外执法权

为有效执行反洗钱法律，凡涉及反洗钱调查，美国联邦法院可通过"长臂管辖"将联邦管辖权扩张至所有外国银行，对此美国境内所有与外国银行发生交易的情形，都应保留相关记录，以确定外国银行的实际所有人。

近年来，美国又通过修改反洗钱法案进一步扩大了政府对外国银行的传票权力。在 2020 年《反洗钱法》之前，司法部或财政部可以向在美国拥有"代理账户"（correspondent account）的任何外国银行发出传票，以获取与此类代理账户相关的记录。根据美国《反洗钱法》规定，如果一个账户是《银行保密法》或反洗钱调查、民事没收诉讼或任何联邦刑事调查的对象，则政府有权要求提供与代理账户相关的记录或"任何外国银行账户"②。修订后的第 5318（k）条还要求外国银行对要求的记录进行认证，以使检察官更容易在审判时使用这些记录。如果银行未能遵守该条的传票要求，政府可能会评估作出每天高达 50000 美元的民事罚款，并要求美国地方法院下令强制外国银行出庭并出示记录，否则将被判定藐视法庭。③

这些新规定意义重大，因为这些条款能使联邦调查人员更容易获得外国银行记录，而不必依赖于司法互助条约程序或其他国际协议。尽管该法律旨在打击洗钱活动，但其允许就"任何违反美国刑法的调查"发出传票，适用范围非常广泛。这意味着它很可能被用来针对其他严重的犯罪行为，包括白

---

① 亨瑞出国．现在的希腊移民你爱搭不理，未来怕是要高攀不起［EB/OL］．（2019-04-11）［2022-04-13］．

② AMLA 2020，§6308［replacing paragraph（3）to 31 USC §5318（k）］．

③ AMLA 2020，§6308［replacing paragraph（3）to 31 USC §5318（k）］．

领犯罪（例如，逃税、违反 FCPA 的行为）以及国际贩毒和违反国家安全的行为。①

（二）澳大利亚刑事反洗钱法的域外适用

澳大利亚的刑事反洗钱法也具有域外适用性，具体适用于：构成被指控罪行的相关行为全部或部分发生在澳大利亚或澳大利亚飞机或船舶上；构成被指控犯罪的相关行为完全发生在澳大利亚境外，且金钱或其他财产是犯罪所得或可能成为联邦、州或地区可起诉的犯罪的犯罪工具；构成被指控罪行的相关行为完全发生在澳大利亚境外，该人是澳大利亚公民、居民或公司；或被指控的犯罪是完全发生在澳大利亚境外的从属犯罪，构成主要犯罪的行为全部或部分发生在澳大利亚境内或澳大利亚飞机或船舶上。

（三）加拿大：金融犯罪协调中心支持跨境洗钱调查与合作

金融犯罪协调中心（Financial Crimes Coordination Centre）是 2019 年加拿大年度预算首次宣布的为期五年的试点计划，旨在协调支持跨司法管辖区的调查人员和检察官的工作，是政府加强机构间合作和能力建设的重要组成部分。该中心汇集了来自不同司法管辖区的反洗钱专业人士，并通过以下方式协调支持调查人员和检察官的工作：提供培训和专业知识；分析新出现的洗钱威胁和应对措施；提出立法和政策举措；执法措施和资源共享；以及支持合作伙伴，提供最佳实践资源。金融犯罪协调中心的运作标志着加拿大在加强反洗钱制度方面迈出了重要一步，表明加拿大政府致力于采取更有力的行动打击金融犯罪。

另外，加拿大公共安全部长在司法部长和总检察长的支持下，与财政部部长及副部长受命建立了加拿大金融犯罪机构（Canada Financial Crimes Agency），以加强调查金融犯罪的权力。外交部长还被授权继续支持与实施《马格尼茨基法》（《为外国腐败官员受害者伸张正义法》），并提出将与国际合作伙伴合作成立国际反腐败法院（International anti-corruption Court）。提出设立国际反腐败法院是考虑到尽管多年来已经采取了许多举措打击严重腐败，但几乎没有证据表明此类犯罪实际上已经减少。相反，严重的腐败犯罪实际一直在

---

① FERNANDEE A，EDDIE A，IAUREGUI. Key Provisions of the Anti-Money Laundering Act of 2020 ｜ Insights ｜ Holland & Knight［EB/OL］. (2022-04-09).

上升，试图阻止涉腐洗钱以及追回被盗资产的尝试并没有取得预期的结果。在这一背景下，加拿大提出建立一个能够有效调查、起诉、定罪及制裁腐败高级政府官员的执法机构，① 故我们有必要持续关注该倡议的执行及其效果。

六、跨境追赃中的资产返还制度：以英国为例

英国的资产返还主要以《联合国反腐败公约》第 57 条为依据。第 57 条（3）（a）和（b）规定，贿赂、挪用公款、洗钱和利用影响力交易以及其他滥用公职犯罪所产生的犯罪所得在没收后需返还请求缔约国；第 57 条（3）（c）规定酌情返还追回财产，即在涉及海外要求返还犯罪收益，但没有刑事定罪的案件中，"优先考虑"将资产返还给请求缔约国、其先前的合法所有人或赔偿犯罪受害者。如果不能满足第 57 条（3）（a）和（b）的标准，仍可援用第 57 条（3）（c）返还资产。例如，除了未发送司法协助请求这一事实外，来自腐败或其他《联合国反腐败公约》规定的犯罪收益，仍应返还。

根据 2022 年英国的政策性文件《透明与责任性资产返还框架》（*Framework for transparent and accountable asset return*）的规定，没有具体案例协议则不能向他国返还资产。在可能的情况下，应寻求达成一个谅解备忘录而不是条约。然而，条约可能需要 3~12 个月才能缔结，如果受援国（A recipient country）要求签订条约，则可能影响追赃工作的进程。谅解备忘录不产生具有法律约束力的义务，相反，它是一种政治或行政安排、承诺，不受《宪法改革和治理法》规定的国内批准程序的约束，通常也不提交议会或公布，更不需要在联合国登记。

虽然实践中达成协议的情形很少，但英国 2016 年同尼日利亚达成的"资产没收协议"帮助其在一个洗钱案件中实现了境外追赃的顺利合作。1999 年至 2007 年，詹姆斯·伊博里（James Ibori）在担任尼日利亚三角州州长期间，骗取了国家 8900 万美元资金，并通过包括英国、美国在内的多个司法管辖区的无数空壳公司、中介机构与个人清洗了这些收益。2012 年，英国法院以洗钱罪、共谋诈骗罪、伪造罪等判处詹姆斯·伊博里 13 年监禁。2016 年 12 月，

---

① Anti-Corruption Law Program, International Anti-Corruption Court：An Idea Whose Time Has Come？ | Peter A. Allard School of Law ［EB/OL］. (2022-04-09).

詹姆斯·伊博里获释，并提出上诉，2018 年，詹姆斯·伊博里在英国的上诉失败，这为之后的没收资产扫清了道路。该案的犯罪所得由大都会警察局、国家犯罪局和皇家检察署追回，但仅有詹姆斯·伊博里及其同伙涉嫌洗钱的近 1.6 亿英镑的一小部分。英国从詹姆斯·伊博里的同伙处追回犯罪所得后，返还给尼日利亚 4214018 英镑。该案件是根据《联合国反腐败公约》第 57 条（3）（c）以及英国和尼日利亚联邦共和国于 2016 年签署的谅解备忘录为基础来处理的，其内容有：根据《联合国反腐败公约》第 57 条（3）（c）规定，在其他所有情况下，优先考虑将没收的财产返还请求缔约国、返还其原合法所有人或者赔偿犯罪被害人；英尼两国签署的资产返还协议中提到每个资产返还项目均需要制订详细的预算计划，包括工作和支出计划，并得到政府代表的同意，并承诺以最大的透明度使用这些资金，每年发布问责报告。该备忘录促使两国以负责任和透明的方式返还被扣押的贿赂或腐败收益的承诺，该案也是首次根据该谅解备忘录从英国向尼日利亚返还资金。作为协议的一部分，尼日利亚政府还承诺将追回的资金用于造福社会最贫困成员和改善尼日利亚司法工作的项目。

第五章

我国反洗钱法律制度体系的完善路径

洗钱法律制度主要指《反洗钱法》和《刑法》中关于洗钱犯罪的规定。《反洗钱法》在狭义上仅包括"反洗钱法",其目的是预防洗钱活动,维护金融秩序,遏制洗钱犯罪及相关犯罪。但是,洗钱犯罪的上游犯罪涉及黑社会性质犯罪、恐怖主义犯罪、贪污贿赂犯罪等诸多其他犯罪,并且由于金融机构和特定非金融机构在其中的特殊地位,使得该领域的治理手段除刑事惩戒外,还必须包括行政监管、行业监管等才能真正实现洗钱行为的全链条治理。在域外的反洗钱法律体系立法实践和学术研究中,也通常从共同治理的角度切入。因此。在治理洗钱行为的反洗钱法律体系中,应当采取广义的定义,反洗钱法律制度不仅包括《反洗钱法》,还涉及刑事法、行政法乃至行业规范、企业内控等诸多领域的问题。

第一节　重整与完善反洗钱刑事立法

洗钱犯罪作为下游犯罪,其产生依附于毒品犯罪、腐败犯罪和有组织犯罪等,洗钱犯罪与上游犯罪相伴相生,是上游犯罪分子掩饰或者隐瞒犯罪所得和犯罪所得收益的必备途径。因此,在完善洗钱犯罪的刑事立法时,不仅要着眼于打击洗钱犯罪自身,更要重视上游犯罪。就我国当前刑事立法而言,洗钱犯罪体系存在含混重叠等问题,上游犯罪存在内容狭窄的问题。针对以上两个问题下文予以回应。

一、协调整合洗钱犯罪体系

"洗钱"一词是由英文术语"Money Laundering"直译而来，是一种通过中介机构将违法所得资产隐瞒掩饰，进而转换为合法财产的特殊犯罪形式。洗钱可包含两种行为：一是纯粹清洗行为，掩盖犯罪所得来源，并使之合法；二是将清洗过后的钱投入合法的经济活动中。① 在我国现行《刑法典》中，第 191 条洗钱罪已经过《刑法修正案》数次修改。尽管上游犯罪内容得到两次扩张，但《FATF 40 项建议》明确规定，"洗钱罪应适用于所有犯罪，以涵盖最为广泛的上游犯罪"，而第 191 条所规定的七种上游犯罪显然不满足建议的要求。因此，一方面，通过《刑法修正案》的方式在 191 条新增三种上游犯罪；另一方面，将第 312 条纳入洗钱罪名体系之中，以此弥补第 191 条的缺憾。其后 FATF 在对我国反洗钱做评估报告时将第 349 条纳入其中，第 120 条之一系应反恐怖活动而生。综合而言，我国当前洗钱犯罪体系可以包括第 191 条洗钱罪，第 312 条窝藏、转移、收购、销售赃物罪，第 349 条窝藏毒品、毒赃罪与第 120 条之一"帮助恐怖活动罪"。② 第 312 条具有双重属性，同时兼顾妨害司法罪与洗钱罪。第 349 条与第 120 条之一则分别突出上游毒品犯罪与恐怖活动犯罪。FATF 从罪名体系范畴对我国的评估涵盖了以上四项条文，因此，在考量洗钱犯罪时不能局限于第 191 条，第 191 条仅仅是洗钱罪名体系中的一项组成部分，其性质与功能属于狭义的洗钱罪。但在未来立法中，有必要将第 312 条与第 191 条整合，将第 312 条反洗钱的功能与第 191 条狭义洗钱罪合并为涵盖大部分上游犯罪的"广义洗钱罪"，将第 312 条妨害司法罪内容单列。将第 349 条涉及毒赃的洗钱行为纳入"洗钱罪"规制，第 349 条仅涉及毒品处理。同时，更改刑罚量刑设置，针对洗钱罪不同上游犯罪做不同刑罚设置，使其重罪重罚、轻罪轻罚，罪刑相当。

---

① 钊作俊. 洗钱犯罪研究［J］. 法律科学，1997（5）.
② 王新. 总体国家安全观下我国反洗钱的刑事法律规制［J］. 法学家，2021（3）.

二、科学规定犯罪构成要件

（一）扩充洗钱罪之上游犯罪

FATF 在新的 40 项建议中明确要求各国应当将洗钱罪适用于所有罪行，最大限度扩充洗钱罪上游犯罪的范围。《联合国反腐败公约》和《联合国打击跨国有组织犯罪公约》中均规定了广泛的上游犯罪。洗钱罪上游犯罪的扩大，不仅能最广泛地打击各类洗钱行为，而且在国际上洗钱罪上游犯罪扩充的大趋势之下，扩充我国洗钱罪上游犯罪的范围能够进一步推动我国反洗钱国际合作，促进我国反洗钱机制与国际接轨。尽管我国当前已形成一套较为完整的反洗钱犯罪体系，但作为狭义洗钱罪意义的第 191 条仍有上游犯罪较少之虞。自 1997 年《刑法》第 191 条将"洗钱罪"单独成罪以来，我国"洗钱罪"的上游犯罪仅限于七类，即"毒品犯罪、黑社会性质的组织犯罪、恐怖活动犯罪、走私犯罪、贪污贿赂犯罪、破坏金融管理秩序犯罪、金融诈骗犯罪等犯罪"，共 73 个罪名。纵观全球各国，对洗钱罪的认识并不一致，但对洗钱罪中上游犯罪的定义也都存在不断扩大的趋势。美国已将洗钱罪上游犯罪扩充至 250 种，西班牙法律中明确了 21 类上游犯罪类型，德国上游犯罪以《FATF 40 项建议》为准，除产品造假、内幕交易和操作市场罪外，全部囊括在内。近年来，我国非法吸收公众存款、非法买卖野生动物、电信诈骗、网络赌博、涉税类犯罪等形势不容乐观，参与洗钱犯罪人员不断扩充，甚至个别普通工作人员、学生也为他人周转洗钱资金。但受到洗钱罪上游犯罪的限制，打击上述洗钱犯罪行为的有效性并未得到提升。[①]《联合国打击跨国有组织犯罪公约》《巴勒莫公约》和《反腐败公约》指出，各缔约国应将洗钱行为适用于所有严重犯罪，而不应对洗钱罪上游犯罪设置范围。《打击洗钱、恐怖融资与扩散融资的国际标准：FATF 建议》明确指出："各国应当以《维也纳公约》与《巴勒莫公约》为基础，将洗钱行为规定为犯罪。各国还应当将洗钱犯罪适用于所有严重犯罪，旨在涵盖最广泛的上游犯罪。"目前，按照罪名对洗钱罪的上游犯罪进行限定的国家很少，而我国将洗钱罪的对象局限于

---

① 蔡宁伟，李姣．洗钱罪认定与上游犯罪领域拓展研究［J］．金融监管研究，2021（2）．

七类上游犯罪的犯罪所得及其收益，从而限制了构成洗钱罪的立案数量，也制约了相关法规的作用。可见洗钱罪的上游犯罪界定范围过小。① 对此，有学者建议，应对洗钱罪上游违法犯罪行为进行适当扩容，将部分可能产生巨大收益的犯罪行为纳入洗钱的上游犯罪，增强刑法的威慑作用。

（二）合理规定洗钱罪之主客观构成要件

首先，应当进一步明确洗钱罪的客观行为方式，尤其是特定非金融机构。例如，拍卖、房地产建设等领域的非金融机构参与洗钱的行为。《刑法》第191条规定了兜底条款，可以出台相关司法解释，在司法解释中对兜底条款中的行为方式进行明确，为执法和司法提供明确的法律依据。同时，有学者指出，我国目前洗钱罪的行为方式侧重于"犯罪所得及其收益的转移和转换"，但是很多情况下"获取、持有、使用"行为的危害性与其具有相当性。② 洗钱犯罪的核心在于"掩饰"和"隐瞒"，即切断资金与不法来源之间的联系，建立资金与合法来源之间的联系。③ 洗钱罪罪状的侧重点不在于"转移和转换"，即使没有明显的转移和转换行为，但是只要有"切断"或"建立"的行为或结果，就可能涉及洗钱犯罪。因此，在对洗钱罪的行为方式进行修订时，应当以此为指引，修改洗钱罪罪状。

《反洗钱法修订草案》第2条一改沿用已久的狭义的"洗钱"定义，将"洗钱行为"的范围扩展到了"各种方式掩饰、隐瞒犯罪所得及其收益的来源和性质的活动"，这就实质上将《刑法》中的各种犯罪行为、行政法规下的各类违法行为一网打尽。这是对"反洗钱反恐融资"风险管理方法论的根本性颠覆。金融机构需要检测的"洗钱"交易的范围也大大地被延展了。为了保持法律之间的一致性和内在逻辑自洽，如果《反洗钱法》确立了广义上的"洗钱"定义，可以预见《刑法》第191条也将做相应的修订。目前第191条在规定上游犯罪种类时采取"列举式"立法，因此，在协调上游犯罪"扩军"与法条"维稳"之间的关系时，可以考虑使用"概括性"的立法技术，即不列举具体的上游犯罪类型，而是使用诸如"特定犯罪"的词语，然后通

---

① 刘锷. 洗钱罪入刑范围亟待拓宽 [J]. 中国金融，2020（11）.

② 杨鼎璞. 现存洗钱罪立法及其适用诊断 [J]. 银行家，2021（1）.

③ 王新. 总体国家安全观下我国反洗钱的刑事法律规制 [J]. 法学家，2021（3）.

过立法解释或者司法解释来细化具体的种类。即使不对上游犯罪的立法技术进行"大修"，而只是在目前模板下进行"扩充"，可以考虑在将来出台的《刑法修正案》中将一些多发的严重犯罪类型纳入第 191 条。特别需要注意的是，在 FATF 于 2012 年新通过的 40 项建议的第三项"洗钱犯罪化"中，对洗钱的上游犯罪之立法态度予以调整，要求"各国应当将洗钱罪适用于所有的严重罪行，以涵盖最广泛的上游犯罪"，这必会对将来对各国进行的再评估产生重大影响，我们必须在刑事立法上提前谋划。依据官方提供给 FATF 的数据，我国目前产生犯罪收益的主要上游犯罪是非法集资、诈骗、贩毒、贪污贿赂、税务犯罪、假冒伪劣产品和非法赌博。鉴于反逃税与反洗钱、反恐怖融资是"三反"机制中并列的重要内容，理应将"危害税收征管罪"纳入第 191 条洗钱罪的上游犯罪范围内。此外，生产、销售伪劣商品罪和赌博犯罪也应一并增加在列。[①]

其次，对于主观构成要件，应当注意以下三个问题：第一，对于上游犯罪分子，无须证明主观方面，只要其实施了掩饰、隐瞒上游犯罪所得及其收益的行为，则构成洗钱罪。第二，对于协助洗钱的他人，目前仍建议采用之前的解释方法，要求其具有明知的主观要件。这不仅回应了国际公约的要求，还在一定程度上保持了自洗钱与他洗钱在犯罪构成上的差异性，有利于维护刑法的谦抑性。第三，必须明确的是，"分则明知不是总则明知即故意的前置条件"[②]，删除"明知"并未改变洗钱罪属于故意犯罪的性质，只是降低了故意认识对象的证明标准。

此外，还建议增加我国刑法中对反洗钱失职行为的否定性评价。目前的罪名体系中仅对洗钱的单一行为模式进行规制。但是在洗钱犯罪中，洗钱虽然是犯罪的核心行为，但是负有监管、审查等职责的个人或机构的失职则是行为人成功洗钱的重要条件。因此，诸多国家在刑事立法中扩充了洗钱犯罪的行为类型，例如，德国同时规定了《故意洗钱罪》和《轻率洗钱罪》，美国则将洗钱罪具体划分为特定类别。设置反洗钱失职罪的前提是相关主体依法承担尽职义务，在尽职义务逐步在行政法确立并完善的大背景下，将一些

① 王新．总体国家安全观下我国反洗钱的刑事法律规制［J］．法学家，2021（3）．

② 刘艳红．洗钱罪删除"明知"要件后的理解与适用［J］．当代法学，2021（4）．

具有严重社会危害性的反洗钱失职行为纳入洗钱罪体系中，是刑法与行政法衔接、全面打击洗钱行为的必然要求。

三、合理配置洗钱罪法定刑

首先，提高洗钱罪的法定刑，降低洗钱罪的处罚。法定刑上：情节特别严重或数额巨大的，处 10 年以上有期徒刑或者无期徒刑；处罚上：比上游犯罪的处罚降低一个量刑档次，如果犯罪主体是金融机构的工作人员，应适当提升一个档次的法定刑。因为金融机构工作人员违背特定职业义务，知法犯法，应处以更重的处罚。

其次，增加"资格刑"，资格刑又名能力刑，是剥夺犯罪人特殊身份的一种刑罚。洗钱罪的犯罪主体很大一部分是拥有特殊身份的，他们通过自身职务便利协助洗钱犯罪分子进行洗钱活动，如果适用资格刑，行为人将失去担任某一职务或者从事特定职业的资格，意味着行为人将丧失进入经济活动的权利，这对行为人来说无疑是一个致命的打击。司法实践中采用的自由刑和罚金只是起到暂缓的作用，并不能"药到病除"，自由刑和罚金并不能剥夺或者限制行为人利用自身的资格继续犯罪，且自由刑给犯罪人在社会化带来一定的困难。再者，对于单位犯罪而言，单位只是拟人化的组织，实际的控制者是单位的直接负责的主管人员和其他直接责任人员，单位的洗钱活动也是由他们指挥实施的，所以，对单位适用"资格刑"，取消其继续经营的资格，才能彻底斩断洗钱犯罪活动。

再次，进一步明确作为法律模糊用语的"情节严重"的认定标准。刑法分则中的"情节严重"包括法定升格刑中的"情节严重"和构成要件中的"情节严重"，洗钱罪属于法定升格刑中的"情节严重"，我国对于"情节严重"并没有做出相关的司法解释，故可以从以下三方面考虑：第一，实施的次数。行为人累计实施 3 次以上的洗钱犯罪活动，如果达到刑法总则中的累犯的构成要件，应当从重处罚，如果没有达到，但主观恶性大，对司法秩序或金融秩序造成严重后果，应当按照"情节严重"加以处罚。第二，特殊身份。如果行为人是金融机构及其工作人员，利用职务的便利协助犯罪分子洗钱的或者未履行及时报告义务、泄露工作秘密的，应当从重处罚，因为金融机构及其工作人员本身就负有预防和控制洗钱犯罪的责任，如果知法犯法，造成社会严重危害，应加重处罚。第三，数额大小和造成的后果。如果洗钱数额大，造成严重危害结果，那应属于"情节严重"，加重处罚。增加我国刑法中对反洗钱失职行为的否定性评价。目前的罪名体系中仅对洗钱的单一行为模式进行规制。但是在洗钱犯罪中，洗钱虽然是犯罪的核心行为，但是负有监管、审查等职责的个人或机构的失职则是行为人成功洗钱的重要条件。因此，诸多国家在刑事立法中扩充了洗钱犯罪的行为类型，例如，德国同时规定了故意洗钱罪和轻率洗钱罪，美国则将洗钱罪具体划分为特定类别。设置反洗钱失职罪的前提是相关主体依法承担尽职义务。在尽职义务逐步在行政法确立并完善的大背景下，将一些具有严重社会危害性的反洗钱失职行为纳入洗钱罪体系中，是刑法与行政法衔接、全面打击洗钱行为的必然要求。

最后，在个人责任方面，通过修订《刑法》，对性质恶劣、危害严重的行为给予刑事处罚。建议在《刑法》"破坏金融管理秩序罪"部分增设"专营买卖银行账户和支付账户罪"，以打击严重的专营买卖银行账户和支付账户的行为。[①]

四、建立法人反洗钱刑事合规制度

2018 年，《中央企业合规管理指引（试行）》正式出台、《企业海外经营合规管理指引（征求意见稿）》正式发布，标志着我国进入"合规元年"。关于企业"合规计划"的概念并没有统一定论。有学者认为，合规计划是一种企业预防、发现违法行为而主动实施的内部机制。[②] 另有观点指出，合规计划的本质是推动企业形成守法文化，形成从预防监测到发现报告的一整套合规机制。[③] 合规的重点在于通过企业内部制度与伦理守则，以规范企业自身及其员工的行为，实现企业内部适法自治。推动企业内部自治中包括内部因素与外部因素，内部因素也就是企业自身的合规决心，外部因素则包括法律、

---

① 刘宏华，叶庆国，吴卫峰．我国个人反洗钱义务立法思考［J］．中国金融，2020（16）．
② 周振杰．企业刑事责任二元模式研究［J］．环球法律评论，2015（6）．
③ 李本灿．合规计划的效度之维——逻辑与实证的双重展开［J］．南京大学法律评论，2014（1）．

主管部门等通过奖惩制度对企业的激励。其中，刑事法、行政法与合规的交叉点就在于法人责任制度。

在合规迅速发展的现今，诸多学者通过比较研究、文献研究、个案研究等研究方法，将合规概念引入法人责任制度中。我国目前的法人责任体系强调对法人的处罚和威慑，但是在预防目的上却有所缺憾。合规制度的引进，其主要功能就在于增加法人责任制度的"预防性"和"指引性"，指引企业建立合规机制，降低法律风险，实现企业自治和法律风险预防。基于现有研究，从我国法学理论体系、现实需求与域外经验来看，以合规为切入点，法人洗钱犯罪刑事责任制度的完善方向主要有以下三个。

第一，在法人责任体系中增加合规从宽的情节。我国法人责任体系的规定较为概括，以法人刑事责任为例，仅规定了刑罚类型，但是却未如自然人犯罪一样规定其法定从宽或减轻情节，也没有酌定情节。法人是市场中的重要主体，惩罚法人犯罪的最终目的不是试图"消灭"这一企业或组织，而是引导其成为符合市场规范、行为合法合规的主体。诸多国家都在刑罚中设置了法人犯罪从轻或减轻的情节。例如，西班牙刑法规定了四种减轻情形：一是起诉之前如实供认犯罪；二是协助调查，并提供新的决定性证据已澄清刑事责任；三是判决之前采取措施以减少或修复犯罪带来的损害；四是判决之前制定了有效的措施，在法人内部预防或及时发现违法与犯罪。[①] 世界银行在《制裁指南》中规定了以合规计划及其实施情况为核心的加重情节与减轻情节，如采取自主补救措施的，减轻情节可达35%，特殊情况下可以获得更大幅度地减轻。[②] 可见，合规计划与加重或减轻情节的结合，在国际上具有广泛的实践。在合规计划正式进入立法后，不论是在行政处罚还是刑事惩罚阶段，都可以设置此类情节条款，强制受到处罚的企业实施反洗钱合规措施，规范企业内部的风险管理。这种激励方式，可能推动企业自主实施并落实合规计划。反洗钱领域，商业银行等金融机构的合规化是阻断不法资金合法化的关键。

---

① Criminal Code of Spain，Art. 31 bis 4.
② World Bank Sanctioning Guidelines，Section IV Aggravating Factors and Section V Mitigating Factors.

第二，构建以合规为核心的法人免责与出罪机制。不论是法人行政责任还是法人刑事责任，我国目前都是以惩戒性为主，在立法中少有法人免罪或出罪机制。虽然立法中尚未构建这一体系，但是在实践中已经有所涉及。在"雀巢员工侵犯公民个人信息案"中，雀巢公司制定的《员工行为规范》等公司文件与政策中包含了个人信息保护的相关内容。因此，法院认为，这些材料足以证明雀巢公司采取了有效的措施禁止员工侵犯个人信息权，涉案人员的行为并不能体现公司意志，属个人行为，责任应当归属个人。但是，合规计划发展较为成熟的英美国家大多在行政法和刑事法领域建立了较为完善的免责机制。例如，美国采取"母子公司连带责任"以激励母公司对子公司进行监管，也避免母公司通过子公司实施洗钱等违法或犯罪活动。但是在这一连带责任机制中，母公司就可以以已经实施了有效的预防与打击子公司违法与犯罪行为而出罪。西班牙2015年《刑法典修正案》同样规定，法人在犯罪发生前已经建立并实施了有效的合规计划，那么法人可以据此将个人行为与法人行为分离，避免因个人行为而导致公司受到处罚。[1] 我国也可以在行政法和刑事法中引入此类机制。

第三，建立法人反洗钱合规不起诉制度。2021年6月，我国最高人民检察院联合其他部门出台了《关于建立涉案企业合规第三方监督评估机制的指导意见（试行）》，并积极开展合规试点。目前，我国包括酌定不起诉与附条件不起诉等在内的五种不起诉情形，都普遍适用于自然人。但是尚未确立针对企业的不起诉制度。关于法人的附条件不起诉、暂缓起诉制度已经较为完善。美国通过企业刑事合规中的暂缓起诉协议和不起诉协议两种与企业之间的"辩诉交易"给予企业摆脱诉累的机会；英国则通过《犯罪与法院法》确立本国的暂缓起诉制度。这种合规不起诉制度实质上是司法对企业内部的干预措施，既展现了对企业行为的否定性评价，又保障了法人的后续发展、规范了市场主体的活动。洗钱犯罪中涉及的主体，例如金融机构、跨国企业等，在市场中具有较大的影响力，强调惩戒性的处罚并不适合。通过建立合规不起诉制度，在处罚的同时介入其内部治理，有利于市场的稳定，应当进一步

---

① Criminal Code of Spain, Art. 33 bis .

构建。

第二节　优化与加强反洗钱行政立法

完善反洗钱行政立法，不仅需要从反洗钱监管入手，构建以风险为本的反洗钱监管法律体系，还需要改进当前的反洗钱预防措施，扩充反洗钱义务主体，明确与细化反洗钱义务内容。

一、优化反洗钱监管立法

虽然我国已形成较为完善的反洗钱监管法律制度，但在机构设置与职能内容、监管范围、监管内容、监管方式、协调机制等方面还存在诸多不足。因此，下文将从总体立法理念出发，提出进一步优化我国反洗钱监管法律制度的相关建议。

（一）树立风险为本的立法理念

2014 年，中国人民银行《金融机构反洗钱监督管理办法（试行）》明确反洗钱分类评级是一种重要的反洗钱监管手段。但反洗钱分类评级只是对金融机构反洗钱措施的评价，与洗钱和恐怖融资风险评估有着本质的区别。洗钱和恐怖融资风险评估包括固有风险评估和控制措施有效性评估，其中控制措施有效性评估与反洗钱分类评级内容基本一致。而固有风险是指金融机构不考虑各种反洗钱措施的外在洗钱威胁，更注重固有风险评估。

落实以风险为本的反洗钱立法理念，制定并开展风险评估，有效识别和掌握面临的洗钱风险，确保防范和降低洗钱风险的措施与已识别的风险相匹配。在以风险为本的原则下，FATF 要求各成员国采取更加灵活的措施，有效地分配反洗钱资源，实施与风险相对称的反洗钱预防措施，最大限度地提高反洗钱有效性。反洗钱监管部门要根据洗钱风险评估结果，配置和优先安排反洗钱监管资源。提示金融机构在洗钱风险较高的领域采取强化措施，管理和降低洗钱风险。金融机构要采取适当步骤识别和评估其客户、国家或地域以及产品、服务、交易或交付渠道面临的洗钱风险，并全面记录洗钱风险，保持洗钱风险评估的性质和程度与业务的性质和规模相匹配。

不管是反洗钱监管部门还是金融机构，洗钱风险评估工作都尚在探索阶段，这对相关人员提出了更高的要求，评估员不但要熟悉金融机构的业务，还要有很强的职业敏感度。在认真组织开展风险评估等基础上，需要利用金融机构后期发生的洗钱案件反向回溯评价风险评估的结果，及时修正风险评估的方法和判断标准，全面提升反洗钱评估的准确性和科学性。做好反洗钱分类评级，反洗钱监管部门和金融机构都要加大对洗钱风险评估结果的运用，真正将以风险为本的反洗钱方法落到实处。对高风险客户和高风险业务采取特别谨慎措施，对金融交易背景和交易客户开展更为深入、全面、细致的调查，提高对洗钱风险的重视，从而有针对性地对不同领域实施监管，提升反洗钱工作的有效性。

（二）优化监管部门职能内容

反洗钱监管部门结构按照监管主体可以划分为对金融机构的监管和对特定非金融行业和职业的监管两大类。根据 FATF 建议，在对金融机构进行监管时，应当确保金融机构受到充分的监督和管理，并且有效地执行 FATF 建议。主管部门或金融监管部门应当采取必要的法律或监管措施，防止犯罪分子或其同伙持有金融机构的重要或多数股权，或成为金融机构重要或多数股权的受益所有人，或掌握金融机构实际管理权。各国不应当批准设立空壳银行或允许其持续运营。对于受《有效银行监管核心原则》约束的金融机构，出于审慎目的的监管措施若与洗钱相关，应当同样适用于反洗钱目的。对合并集团（Consolidated Group）的监管也应当适用于反洗钱目的。各国应当对其他类别的金融机构实施审批许可或登记注册，进行充分管理，并根据该行业的洗钱风险实施监管或监测。各国至少应当对提供资金或价值转移或货币兑换服务的金融机构实施审批许可或登记注册，使其受到有效监测，以确保符合国家反洗钱与反恐怖融资要求。

对特定非金融行业和职业进行监管时，应当根据行业和职业风险高低，对其他类型的特定非金融行业和职业实施有效监测，确保其符合反洗钱要求。监测可由监管机构或能够确保其成员履行反洗钱与反恐怖融资义务的行业自律组织执行。监管机构或行业自律组织还应当做到采取必要措施，例如，采用资格审查，防止犯罪分子及其同伙获得专业认证，或持有重要或多数股权，或成为重要或多数股权的受益所有人，或担任管理职务。若未遵守反洗钱要求，应当按照建议要求，实施有效、适当和劝诫性处罚。

监管机构应当拥有足够的权力监管、监测金融机构，包括实施检查，确保金融机构遵守反洗钱要求。监管机构应当有权要求金融机构提交任何与合规监管有关的信息，并根据建议内容，对不遵守该要求的情形实施处罚。监管机构应当有实施一系列纪律惩戒和经济处罚的权力，包括在适当情形下吊销、限制或中止金融机构执照的权力。同时，对于未能遵守反洗钱要求的自然人和法人，实施一系列有效、适当和劝诫性的处罚，包括刑事、民事或行政处罚。处罚应当不仅适用于金融机构以及特定非金融行业和职业，也适用于其负责人和高级管理人员。

（三）健全监管部门协调机制

健全监管协作机制，深入有效开展反洗钱工作，需要多部门协调配合联合推进。在反洗钱部际联席会议制度和现有反洗钱协调机制基础上，各级反洗钱行政主管部门应当密切与地方政府以及财政、纪检、司法等行业主管部门沟通配合和协调联动，研究细化监管内容，厘清职责分工，明确监管措施，压实监管责任。健全定期情报会商机制，建立资金监测、信息分析、案件移送等长效合作机制。加强反洗钱行政主管部门和银行、证券、保险等金融业监管部门以及特定非金融行业主管部门的沟通合作，完善事前、事中、事后监管链条，强化对各类反洗钱义务机构和从业人员的监管。在健全国家反洗钱行政主管部门与行业主管部门监管协作机制的同时，应充分发挥行业自律组织在可疑交易筛选、风险甄别、案例分析等方面的支持作用，提高反洗钱工作的协同性和有效性。

要发挥特定机构行业主管部门的作用，各部门在其现有信息平台基础上扩容增效，完善信息管理系统的反洗钱信息采集、数据分析、报告生成、风险预警等功能，重点在提升信息收集的时效性、准确率、标准化上下功夫。接下来，国务院反洗钱行政主管部门应发挥牵头抓总作用，协调行业主管部门，在不同行业和主管部门信息系统的基础上，运用大数据等科技手段，建立跨平台、跨系统、跨数据结构的一体化监测平台，实现各领域不同机构间反洗钱监测信息系统的互联互通，真正提高反洗钱监管的信息化水平。① 加强纪检监察、司法、税务、海关、商务、市场监管、国资监管等机关和部门的协作配合，通过监控项目立项审批、资金管理拨付等关键环节，监控现金流量、资产负债等风险要素，强化对公权力的制约和监督，从源头上防范和遏制问题的发生。通过加强情报会商、线索移送等工作，提高查证职务犯罪和洗钱犯罪的能力，形成打击洗钱及各类上游犯罪的强大合力。

《刑法修正案（十一）》实施后，相关自洗钱行为可以按洗钱罪论处，监管机构及义务机构的履职压力进一步增加。在客户出现因自洗钱行为被判处洗钱罪后，监管机构是否应当按《反洗钱法》认定所涉及的金融机构"因身份识别、大额可疑交易报告履职不到位，与不明身份的客户建立业务关系，造成洗钱后果发生"从而对其进行处罚；监管机构及金融机构应当如何对洗钱犯罪进行有效防控，以从源头上避免自洗钱行为的发生；义务机构应当如何提高自身对洗钱风险的管理能力，避免引发大额反洗钱罚单，均成为亟待解决的问题。还可探索建立公职人员信息登记系统，明确相关单位的数据提供责任和数据使用权限，录入现职及曾经就职的人员信息、工作单位、职务、家族人员、密切关系人员等内容，强化洗钱风险防范。对此，建议在监管及司法机关层面建立信息共享机制，在确保信息保密的前提下，设立共享名单。共享名单包括国家公职人员及其直系亲属人员、涉及上游七类犯罪的犯罪嫌疑人、曾因上游七类犯罪被判处的人员信息。同时，建立灰名单人员信息库，对监管、义务机构在日常履职中认为可能涉及上游七类犯罪人员的信息实现共享，由全国监管及义务机构共同监督，提高各机构的履职效能。要避免因信息不对称、监督管理手段缺乏，而被国际组织认为我国监管机构监督不力，更不能因金融机构履职能力欠缺而影响打击洗钱犯罪的成效。②

（四）增设新型监管法律制度

互联网金融的诞生极大地活跃了金融市场，但其同时存在极大的风险。以数字货币比特币为例，被利用于违法犯罪活动的案例层出不穷，虚拟货币以其交易快捷、匿名的特点被犯罪分子用于洗钱犯罪。我国目前禁止虚拟货

---

① 张国坤. 构建特定非金融机构反洗钱监管机制 [J]. 中国金融, 2019 (18).

② 蔡宁伟, 李姣. 洗钱罪认定与上游犯罪领域拓展研究 [J]. 金融监管研究, 2021 (2).

币境内发行和交易，但境内主体仍通过互联网参与境内虚拟货币交易。如果没有适当的监管，它们就有可能成为犯罪分子和恐怖分子金融交易的虚拟避风港。在 G20 的支持下，FATF 发布了全球具有约束力的标准，以防止滥用虚拟资产进行洗钱和恐怖主义融资。术语"虚拟资产"是指可以进行数字交易、转移或用于支付的任何数字价值表示，它不包括法定货币的数字表示。FATF 建议各国尽快实施 FATF 的措施，这将确保虚拟资产交易的透明度，并使与犯罪和恐怖主义有关的资金远离加密货币领域。如今，许多虚拟资产服务提供商被视为"有风险的业务"，被拒绝访问银行账户和其他常规金融服务。虽然实施 FATF 的要求对该行业来说具有挑战性，但它最终将增加对区块链技术的信任，因为它是强大且可行的价值转移手段背后的支柱。

金融行动工作组的建议明确指出，各国应采用基于风险的方法，以确保预防或减轻洗钱或转移金融风险的措施与其各自管辖范围内确定的风险相称。根据基于风险的方法，各国应加强对涉及增值税的高风险情况或活动的要求。当评估与虚拟货币相关的洗钱/恐怖犯罪融资风险、虚拟货币财务活动的特定类型以及虚拟资产服务的活动或操作时，如 2015VC 指南中所讨论的集中式和分散式虚拟货币之间的区别，将可能是各国考虑的一个关键方面。由于虚拟货币资金流的匿名性或模糊性可能增加，以及与进行有效的客户识别和验证相关的挑战，虚拟货币和虚拟资产服务通常可能被视为更高的洗钱/恐怖犯罪融资风险，可能需要在适当情况下采取强化尽职调查措施。还要求国家在反洗钱/反恐融资政策方面进行合作和协调，包括在增值税部门。因此，在监管和监督涵盖的增值税活动方面间接适用于国家。各国应考虑设立机构，如机构间工作组或工作组，以使决策者、监管者、金融情报机构和执法机构相互合作，并与任何其他相关主管机构合作，以制定和实施有效的政策、法规和其他措施，解决与所涵盖的虚拟货币活动和虚拟资产服务相关的洗钱/恐怖犯罪融资风险。这应包括相关机构之间的合作和协调，以确保反洗钱/反恐融资要求与数据保护和隐私规则以及其他类似规定，如数据安全、本地化的兼容性。就增值税而言，国家合作和协调尤为重要，部分原因是增值税具有高度的流动性和跨境性，以及涵盖或监管的增值税活动可能涉及多个监管机构。例如，监管资金传输、证券、金融和金融的主管部门，以及商品或衍生产品活动。此外，与虚拟货币问题相关的国家合作对于进一步调查和利用各种与解决网络和虚拟货币生态系统相关的机构间工作至关重要。①

此外，第三方支付技术打破了传统支付方式，便利的同时也带来了危机，为虚假交易、洗钱提供了犯罪土壤。在此方面，我国现有法律法规仍有较多不足之处，需要针对自我交易、利用技术漏洞转移资金、非法套现等问题制定相应监管与惩处机制。首先是完善有关第三方支付的洗钱犯罪惩处法律与利用第三方支付的反洗钱监管法律法规。将利用第三方支付洗钱行为纳入洗钱罪处罚范围，健全交易主体的实名登记制度与审核制度，明确第三方支付平台反洗钱的法律义务，强化对跨境交易主体的监管，《综合行政法》与《刑法》多种部门法形成综合型治理模式。②

（五）推广现金交易监管制度

在反洗钱风险管理领域，现金交易一直被认为是高风险交易。主要原因在于现金交易极难追踪纸币的来源和去向，极易分拆和混同。任何与现金交易联系密切的行业都是金融机构密切关注的高风险行业，如餐饮业、娱乐业、慈善组织等。在当前的中国反洗钱监管规则之下，对于客户大量存取，或以现金交易的行为，金融机构只能通过大额交易和可疑交易的报告的方式向监管机构报告。但是，对于大量存取、使用现金的客户，金融机构并不能进行任何形式的制约，即使在具体交易中使用大量现金并不具有商业合理性。

《反洗钱法修订草案》第 4 条、第 13 条、第 36 条、第 57 条要求建立巨额现金收付申报制度，并且将申报义务主体设定为适用大额现金的"单位和个人"。如《反洗钱法修订草案》第 36 条规定："任何单位和个人为提供商品或者服务等目的，不通过金融机构而是以现金方式收付，且数额巨大超过规定金额的，应当向中国反洗钱监测分析中心报告。"在大额现金的适用方面，将反洗钱义务主体从"金融机构"扩大到"单位和个人"，这是对洗钱风险管理义务主体的重大变革。在监管个人账户方面，可以借鉴欧美国家的做法，指定专门机构负责客户账户资产的查询，全力杜绝假名、匿名账户及非法盗

---

① See guidance for a risk-based approach virtual asset service providers, 2019.

② 陈纯柱，李昭霖. 第三方支付洗钱：特征、风险、惩治困境及应对［J］. 重庆社会科学，2020（10）.

用他人账户等情况出现。账户的开立应执行更为严格的客户身份识别制度，除身份证件外，应增加驾照、户口本、单位证明或出生证明等辅助资料，将个人客户的现金使用范围及限额纳入监管，减少现金交易量。逐步提高大额现金监测数据报送质量，如定期对银行系统进行检测。弥补系统存在的漏洞，保证数据的真实、准确，不断完善内控机制，加强员工培训，增强风险防控意识，提高对大额可疑交易的识别。完善员工保护机制，激发员工的工作积极性，促使员工更加认真地履行肩负的职责和义务。具体的配套制度和操作细节，有待于后续监管公布和逐步完善。

进一步完善可疑交易报告制度，如果金融机构怀疑或有合理理由怀疑资金为犯罪收益，或与恐怖融资有关，金融机构应当依据法律要求，立即向金融情报中心报告。犯罪活动应至少指构成洗钱上游犯罪的部分严重犯罪行为，尽可能扩大至所有洗钱犯罪的行为。恐怖融资指对恐怖活动、恐怖组织或恐怖分子的资助，即使该资助与某一系列特定恐怖活动不直接相关。所有可疑的交易，包括试图进行的交易，不论金额大小，都应被报告。可疑交易报告要求应作为一项直接的强制性义务，任何间接的或非明文规定的报告义务都不可接受，无论是否可以根据该可疑交易报告提起洗钱、恐怖融资或其他诉讼，即所谓的"间接报告"。此外，还应关注现金跨境运送问题，应当采取措施，包括通过申报和披露制度，监测现金和不记名可转让金融工具的跨境运送活动。如果怀疑现金或不记名可转让金融工具与恐怖融资、洗钱或上游犯罪有关，或者查出属于虚假申报或披露，确保主管部门拥有阻止或限制这些现金或不记名可转让金融工具跨境运送的法定权力，能对虚假申报或披露的个人采取有效、适当和劝诫性的处罚措施。对查处的与恐怖融资、洗钱或上游犯罪有关的现金或不记名可转让金融工具应当采取措施，规定与之相一致的法律措施，没收相关现金或不记名可转让金融工具。

二、加强反洗钱预防立法

随着对金融行业防控洗钱力度的加大，许多不法分子已经由传统金融行业洗钱渠道转向非金融行业与个人。因此，除了金融行业反洗钱法律制度之外，非金融行业与个人的反洗钱预防法律手段无疑也应是防治洗钱的又一重要手段。基于此，应参照《FATF 40 项建议》与借鉴国外反洗钱立法，《反洗钱法》应从义务主体与义务内容两方面入手，进一步明确履行反洗钱义务的特定非金融机构与个人范围，并细化特定非金融机构与个人应承担的反洗钱义务内容，严密反洗钱预防立法。

（一）扩充反洗钱主体范围

综合国内外反洗钱组织的研究成果，常见的洗钱方式主要包括银行业洗钱、证券业洗钱、保险业洗钱、现金走私洗钱、国际贸易洗钱等。以上行为方式多通过金融机构反洗钱法律及行业规范规制。除此之外，特定非金融机构参与洗钱行为逐渐增多，国际法上已将反洗钱义务主体范围扩大到金融机构以外。如《FATF 40 项建议》明确规定了承担反洗钱义务的特定非金融机构的范围，包括赌场、房地产代理商、贵金属和宝石交易商、律师、公证人、其他独立法律专业人士、会计师、信托和公司服务提供者等。欧洲共同体和欧盟理事会先后制定了三个反洗钱指令，扩大反洗钱义务主体范围。美国、英国、澳大利亚等国在国家反洗钱法律中以是否从事金融交易界定应承担预防性反洗钱义务的金融机构。日本、德国、比利时、芬兰等国则在反洗钱立法中明确列举应承担反洗钱义务的特定非金融机构。我国作为 FATF 成员国，建立健全特定非金融机构与个人反洗钱法律制度是履行国际法义务的应有之义。从立法而言，在《反洗钱法》中，首先，应当参照国际法内容，借鉴国外立法，界定具有反洗钱义务的特定非金融机构及个人的概念与范围。根据司法实践需要和洗钱形势发展要求，应将海关、贸易、商务、项目审批、博彩业、艺术品、古玩珠宝、典当业、租赁业、拍卖业、财政、税务等机构纳入反洗钱义务机构范围，加强对利用进出口贸易、引进外资、境外投资、招标投标、彩票投资、艺术品古玩交易、典当质押、租赁拍卖、政府采购、避税安排、偷逃税收入等方式进行洗钱活动的预防和监控。其次，在《反洗钱法》中将个人纳入反洗钱义务主体，系统性地规定个人应承担的反洗钱义务，如配合尽职调查、禁止倒卖出借银行卡、大额现金交易报告等。

（二）细化反洗钱义务内容

1. 明确特定非金融机构的反洗钱义务

目前，我国金融机构已形成了相对完善的行业反洗钱义务规范与监管制度，但非金融机构反洗钱义务规范亟待增补。由于非金融机构的行业多样性，各行业、各机构的业务模式、企业结构、客户类型也呈现较大差异，因此，在增设时应注意其中的特点与区别。而在整体制度设计上可以参考金融机构反洗钱义务规范，同时注意金融机构与非金融机构间的区别。如在调查客户身份中，不仅仅局限于身份证、身份证复印件的形式审查，更兼以客户其他基本信息、业务内容、从事行业等种种特性综合调查。除此之外，有学者提出，建立以"合理怀疑"为基础的可疑交易报告制度，即交易平台有权根据自身的客户特征和交易特点，制定符合本平台业务情况的可疑交易标准。①

细化义务机构反洗钱义务规定，完善义务机构履行客户身份识别、客户身份资料和交易记录保存、大额和可疑交易报告等义务的相关规定。② 根据《FATF 40项建议》，特定非金融行业在进行以下商业活动时应比照金融行业的客户尽职调查与交易记录保存规则：不动产中介在为其客户从事不动产买卖交易时；贵金属和珠宝交易商在其与客户从事规定数额及以上的现金交易时；律师、公证人、其他独立的法律专业人士及会计师在为客户准备或实施与买卖不动产，管理客户资金、证券或其他财产，管理银行账户、储蓄账户或证券账户，从事公司设立、运营或管理的相关筹资活动，法人或法律安排的设立、运营或管理，以及经营性实体买卖相关的交易时；信托与公司服务提供商在为客户准备或实施与担任法人的设立代理人，担任或安排其他人担任公司董事、秘书、合伙人或其他法人单位中同级别的职务，为公司、合伙或其他法人或法律安排提供注册地址、公司地址或办公场所、通信方式或办公地址，担任或安排他人担任书面信托的受托人或在其他法律安排中承担同样职能的人，担任或安排他人担任他人的名义持股人相关的交易时。

此外，还需把握法律的稳定性与今后可能出现的新主体间的平衡。一是对特定非金融机构反洗钱义务主体根据其业务特征与反洗钱的相关程度在法律中尽可能概括明示。二是对今后新出现的反洗钱义务主体，通过授权反洗钱行政主管部门认定的方式，进一步细化非金融机构反洗钱义务，避免了因新主体出现频繁修改法律的问题，保持了法律稳定性。三是建议《反洗钱法》

---

① 时延安，王熠珏. 比特币洗钱犯罪的刑事治理［J］. 国家检察官学院学报，2019（2）.
② 高连城. 职务犯罪中的洗钱问题及对策建议［J］. 甘肃社会科学，2020（2）.

只对特定非金融机构和中介机构的普遍义务作出规定，而对特定义务则通过授权反洗钱行政主管部门制定规章予以确认，这样既照顾了义务主体履行义务的共性和普遍约束力，又考虑了不同义务主体承担义务的差异。相对于金融行业，特定非金融行业的反洗钱工作更需要相关主管部门的支持和配合。有关各方的行业主管部门要积极配合国务院反洗钱行政主管部门根据行业风险状况、组织架构与运营管理特点，研究确定各行业应履行的反洗钱义务及相关监管措施。同时，发挥行业自律组织的作用，引导行业协会利用自身的资源优势，制定本行业的反洗钱指引。①

2. 规定特殊个人的反洗钱义务

《反洗钱法》修订过程中，应当考虑将个人反洗钱义务予以纳入。首先，明确个人反洗钱义务主体地位，并详细规定违反义务应承担的相应责任。其次，通过修改《反洗钱法》，系统地规定个人反洗钱义务。一是要求个人配合开展反洗钱尽职调查并如实披露信息，《反洗钱法》中应明确规定单位和个人都有配合金融机构开展尽职调查的义务，应当根据要求如实提供相关的身份信息资料，并规定对拒不配合的客户采取不开户等措施。二是要求个人对巨额现金收付进行申报。三是个人应妥善保管和使用账户，不得滥用，如违法出租、出借、倒卖等，不得为洗钱活动提供便利。四是明确个人冻结和禁止交易义务，如个人对恐怖组织和分子名单在列的人员，根据要求采取冻结资金、禁止交易和限制其获得资金、资产等措施。五是要求个人在涉及反洗钱行政调查时应配合相关部门的调查。

3. 加强对公职人员的金融信息监管

"政治公众人员"（公职人员）作为一类特殊主体，已经被世界各国和国际组织所注意，成为反洗钱工作中加强监管的重点对象。2018 年，人民银行、银保监会、证监会联合发布《互联网金融从业机构反洗钱和反恐怖融资管理办法（试行）》（以下简称《管理办法》），《管理办法》第 10 条规定："客户属于外国政要、国际组织的高级管理人员及其特定关系人的，从业机构应当采取更为严格的客户身份识别措施。" 2019 年 2 月，金融行动特别工作组发

---

① 张文汇. 特定非金融领域反洗钱制度［J］. 中国金融，2015（9）.

布了对我国反洗钱"新四十项建议"履约的互评报告，其中对"政治公众人员"实施加强监测（第六条建议）这一条建议的履约评级为部分履约，表现在对"外国政治公众人员"和"本国政治人员"进行审查的要求不一样。2020年9月，金融行动特别工作组发布了中国对履约审查的"第一阶段反馈报告和技术合规重新评估"的报告中，中国外交部表示我国已改进了相关程序以加强对条款的履约工作。① 因此，我国应当进一步完善针对特殊主体的反洗钱监管措施：第一，应在《管理办法》后期完善中考虑扩大适用对象，对于外国国有企业高级管理人员、大型跨国公司高级管理人员，以及国内公职人员和特定关系人都应适用更为严格的审查标准；第二，对于可能涉及贪腐罪行的电子货币交易，即公职人员、国有企业人员及其近亲属进行的大额电子货币交易行为，也应进行标注，与相关主管机构及时沟通，并积极与外国金融主管机构沟通合作；第三，针对公职人员收集金融信息的适用对象范围也应有所扩大，不仅局限于其本人，还应包括其直系亲属、关系密切人员，也同样涵盖相关的专业人员。通过以上举措，能够加强对公职人员金融信息的收集与监测，对于及早发现和打击贪腐人员利用投资移民渠道转移非法资产、骗取移民身份的行为具有非常重大的意义。

三、健全反洗钱行政配套法律机制

（一）建立反洗钱合规行政激励机制

过于严厉的处罚可能会限制金融市场的自我调节与发展。因此，在惩罚机制之外，应当建立较为合理的责任排除机制，以正向激励反洗钱义务主体积极履行义务与职责，实现内部控制、外部监督的双重保障。内部控制主要在于个人、组织或企业自身的行业自律，通过行业规则、行业黑白名单等方式，充分发挥行业自律组织的作用；而外部监督，可以通过立法明确义务主体的反洗钱合规制度，以反洗钱义务的履行为保障前提与评判标准，定期评估相关主体的反洗钱合规情况，并以此作为嘉奖、减免处罚的重要依据。

---

① China's progress in strengthening measures to tackle money laundering and terrorist financing [EB/OL]. [2020-11-20].

1. 内部控制：违规阶段的行业自律

洗钱的全链条化监管的本质是在每个可能滋生或放纵洗钱的环节，明确主体责任，不仅对明知且实际参与洗钱的个人或组织、企业进行处罚，还需要对未履行尽职调查、监管等义务的主体进行处罚，以加强资金流动各环节的监管，实现对洗钱行为的围堵。在整个洗钱的链条中，共治体系的第一层次就是行业自律组织。行业自律组织常以行业协会的形式存在，是最接近实践和被监管主体的监管机构。

我国《反洗钱法》第 26 条规定，履行反洗钱义务的机构可以依法成立和参加有关协会等行业自律组织，发挥反洗钱协调和自律作用。但是却未对行业自律组织的职责进行具体规定。《互联网金融从业机构反洗钱和反恐怖融资管理办法（试行）》第 4 条规定，中国互联网金融协会作为行业自律组织，承担发布行业规则、风险评估报告和风险提示信息，组织推动自律公约的签署等职责。其他行业自律组织按照中国人民银行、国务院有关金融监督管理机构的规定对从业机构提出建立健全反洗钱内控制度的要求，配合中国互联网金融协会推动从业机构之间的业务交流和信息共享。关于违反《互联网金融从业机构反洗钱和反恐怖融资管理办法（试行）》的从业机构，行业自律组织没有处罚权，而是由中国人民银行及其分支机构、国务院有关金融监督管理机构及其派出机构承担。虽然在法理上行业自律组织并无处罚的公权力，但是行业自律组织仍然可以通过行业规则、行业黑白名单等方式，间接实现对违规机构的监督与"处罚"。

国务院办公厅《关于完善反洗钱、反恐怖融资、反逃税监管体制机制的意见》中指出，应当"积极发挥行业协会和自律组织的作用，指导行业协会制定本行业反洗钱和反恐怖融资工作指引。"以行业协会为代表的行业自律组织出台的工作指引等文件虽然不具有法律效力，但是这些文件对于反洗钱行业自律、机构内控起到了指引作用。因此，应当进一步推动行业监管体系的完善。

2. 外部监督：违法阶段的行政处罚

反洗钱的最初起源是银行业，因为银行业是资金支付、结算与流通的核心环节。对于这一环节，行政监管扮演了主要角色。最高人民检察院《关于建立涉案企业合规第三方监督评估机制的指导意见（试行）》中，就明确将行政监管纳入其中。

目前，在我国刑事法的法人刑事责任体系中，罪名体系和处罚模式是两个重点。《刑法》第191条规定的洗钱罪可以是单位犯罪，而处罚模式则仅包括双罚制和单罚制两种，也即我国的单位刑事责任仅包括个人责任和单位罚金刑。在行政法中，我国对于未履行禁止义务的单位所采取的处罚方式主要有资格处罚和罚款。这种以罚金为核心的处罚机制无法满足市场经济下蓬勃发展的企业主体。一方面，企业的体量越来越大、抗风险能力越来越强，单独的罚金对于企业来说并不能造成实质性的损害；另一方面，不论是个人责任还是单位罚金，或者是资格剥夺等，都侧重于处罚的惩戒性，而在预防功能的实现上差强人意。对于多样化的法人刑罚，可以借鉴域外的立法与实践经验，美国在1995年颁布的《组织体量刑指南》中就规定了除罚金等常见刑罚措施以外的"组织缓刑"，强制从事工业活动、主动接收监督等多样的处罚方式。[①] 再如，世界银行制裁体系中，除罚金、资格剥夺之外，还规定了企业合规计划的建立与落实，并将其设置为制裁解除条件，与加重或减轻情节相关等，极大地激励了被制裁企业积极合规化。国内有学者将法人处罚方式总结为个人责任、剥夺权利、经济制裁和内部干涉。[②] 前三项较易理解，最后一项内部干涉实际上就是通过刑罚制度激励企业调整内部制度，这就是合规进入法人责任的方式。为了解决单一处罚方式乏力的现实问题，应当增加内部干涉性质的处罚，例如，要求企业按照相关文件建立合规机制并进行评估、企业招投标资格限期剥夺等。另外，由于刑事处罚的特殊性，多元化法人处罚制度的建立要注重禁止重复性评价，在刑事惩罚和行政处罚之间泾渭分明，尤其是罚金刑与罚款应当避免同时适用等。

针对特定非金融机构，还应在《反洗钱法》中规定单独的处罚体系。《反洗钱法修订草案》第六章仅在第58条规定了"特定非金融机构及相关从业人员违反本法规定的，按照本法对金融机构的处罚规定进行处罚，其中，罚款幅度按照规定金额的20%执行"。在处罚非金融违反反洗钱义务行为时，完全

---

① Federal Sentencing Guidelines Manual（1995），Chapter 8.
② 黎宏．完善我国单位犯罪处罚制度的思考［J］．法商研究，2011（1）．

依据金融机构的处罚办法，不利于非金融机构反洗钱工作的开展，应当依据各行业特征设计承担的相应行政责任，甚至刑事责任。

我国反洗钱立法的行政规范倾向较为明显，例如，《反洗钱法》和《大额交易与可疑交易管理办法》等，但是行政法的发展与洗钱犯罪的刑事处罚脱节。因此，首先应当在行政法中进一步细化洗钱失职责任、金融机构和特定非金融机构的尽职责任，完善前置法。同时，还应当完善行政处罚的范围和类型，借鉴域外经验，增加以合规为核心的内部干预类措施，增强行政处罚的预防性。

（二）完善举报人保护与奖励制度

除对举报人身份保密之外，增加对其举报行为的配套奖励措施。参考美国的相关规定，对提供重要、关键线索和证据，为反洗钱工作提供帮助的举报人，可以给予一定嘉奖，根据具体情况，给予现金报酬、奖品或社会福利等形式的奖励。

（三）建立行政和解制度

2015年证监会发布《行政和解试点实施办法》，2020年《证券期货行政和解实施办法（征求意见稿）》标志着我国在证券领域正式引入行政和解制度。根据《行政和解试点实施办法》的规定，部分情况下可以适用行政和解程序。例如，采取行政和解方式执法有利于实现监管目的，减少争议，稳定和明确市场预期，恢复市场秩序，保护投资者合法权益的，属于可以适用行政程序的情形。在渣打银行涉洗钱案件中，渣打在听证会前夕就与纽约州金融局达成和解。根据双方和解协议，除3.4亿美元民事罚款外，渣打还需要接受至少3年的监管并执行适当的修正措施，且永久委派人员进行洗钱尽职调查与监察。① 行政和解程序不仅有利于市场稳定，并且具有很强的引导性，行政和解程序的适用扩大至其他领域是未来发展的趋势之一。在反洗钱领域，金融机构以及特定非金融机构在未履行尽职调查义务、未识别受益人以及资金来源等情况中，在法律、行政法规允许的情况下，如果情节较为轻微，并且行政和解更有利于监管与行业稳定，或者行政相对人愿意采取积极有效的

---

① 腾讯财经. 渣打涉洗钱与美和解最终罚款或达10亿美元［EB/OL］.［2021-08-30］.

措施补救的，可以考虑适用行政和解制度。

第三节　完善反洗钱国际合作的法律制度

洗钱犯罪具有全球性，犯罪分子通常利用国家间金融监管机制的差异以及国际司法协助受到政治等多方因素的制约而采取跨国实施洗钱犯罪。国际上反洗钱合作主要通过《联合国反腐败公约》《联合国打击跨国有组织公约》《制止向恐怖主义提供资助的国际公约》等国际公约和《反洗钱金融情报交流合作谅解备忘录》（中法）、《反洗钱反恐怖融资信息交流合作谅解备忘录》（中美）等双边法律文件，诸如 FATF、亚太反洗钱组织等全球性或区域性反洗钱组织，引渡、国际刑事司法协助等国家间跨国司法合作，以及金融管理部门、反洗钱部门等国家主管部门间的合作等。整体来看，我国已经形成了较为丰富的反洗钱法律体系与跨国合作体系，为开展反洗钱跨国合作奠定了基础。但从实际上来看，国际反洗钱形势仍然严峻，尤其是虚拟货币的出现为洗钱提供了高匿名性、技术性的洗钱方式，并且由于政治因素，我国在与西方国家的引渡、国际刑事司法协助、资产分享、资产没收等领域难度较大。因此，现阶段我国必须尽快丰富和健全自身的反洗钱国际法律体系，并积极解决当前在跨境反洗钱实践的工作难点。

一、积极充实跨国反洗钱国际法律体系

跨国洗钱是洗钱的主要方式之一，通过国家间金融管理制度的差异以及空间距离，切断资金和非法来源之间的关系。反洗钱领域的跨国合作是实现跨境反洗钱的基础。根据现有的国内法和实践来看，国际公约、条约等为跨国合作提供法律依据，强化双边与多边合作。因此，最大限度地充实我国的跨国反洗钱国际法律体系是畅通反洗钱领域国际合作的基石。

从目前来看，我国已经签署了诸多涉及反洗钱的国际公约以及双边条约或协议。在国际公约方面，主要包括《联合国反腐败公约》《联合国跨国有组织犯罪公约》《联合国禁止非法贩运麻醉品和精神药物公约》以及《联合国

制止向恐怖主义提供资助的国际公约》等。这些法律文件虽然都不是以反洗钱为主要内容的公约，但是国际影响力大，其中涉及反洗钱的各条款规定了缔约国的反洗钱义务，为反洗钱国际合作提供了指导性框架。此外，我国还就情报共享、司法协助以及引渡等领域的合作与其他国家签订了具体合作条约或协议。例如，我国已经与美国、新西兰、法国、南非、葡萄牙等国家签订了反洗钱的金融情报交流合作谅解备忘录，与法国、西班牙、意大利等国家签订《双边引渡条约》或（和）《司法协助条约》。但是国家间双边条约的签订与落实仍然受到政治等因素的影响，我国与美国、加拿大等国家仍未就引渡或（和）司法协助签订双边条约。

法治不仅是国内执法与司法活动的基本要求，也是国际司法执法合作的基础。国家间签署的多边与双边条约，以及谅解备忘录等协议，为相关部门的司法合作提供了法律依据，基于这些法律依据，各国有义务进行多边或双边合作，进行更有深度和广度的反洗钱实践。因此，我国应当继续积极与其他国家签订反洗钱信息共享、反洗钱警务合作以及引渡、司法协助等条约或协议，充实反洗钱国际法律体系。尤其是在暂时无法签订引渡、刑事司法协助的情况下，可以积极就反洗钱这类具体领域签订谅解备忘录等，在互惠与平等的基础上实现双方合作。

二、增加国际组织反洗钱合作的制度规定

国际反洗钱组织在构建、协调与推动国家间反洗钱合作方面具有重要意义。一方面，我国在反洗钱领域起步晚，虽然近年来我国积极开展了诸多反洗钱国际合作，并积极参与 FATF、亚太反洗钱组织等全球或区域反洗钱组织活动，但是在反洗钱标准制定等方面的话语权仍然较小，究其原因是我国在相关国际组织中的地位有待提升。另一方面，由于政治等因素的阻碍，双边或多边条约地区签订受阻，国际组织则可以起到居中协调的作用，推动相关条约的签订。同时，在国家间的反洗钱合作缺乏法律基础时，以国际组织为连接点进而开展个案合作也是实现国际合作的途径之一。可见，我国应当进一步发挥国际反洗钱组织在反洗钱跨国合作中的作用，以此提高反洗钱领域的国际话语权。

第一，加快提高在已加入的国际组织中的话语权。2019 年 7 月开始，我国正式担任 FATF 轮值主席，之前还担任过亚太反洗钱组织联合主席、欧亚反洗钱和反恐怖融资组织主席等职务，与近 60 个国家或地区签署金融情报交流合作备忘录。我国在国际组织中的话语权不断提升，更积极地寻求在国际反洗钱组织中担任重要职务，通过国际组织的媒介与其他国家相互学习、合作，坚持平等、互惠的原则，在反洗钱领域深入发展，签订更多多边、双边协定。

第二，更加积极加入其他有关国际组织。2004 年以来，我国一直积极寻求加入埃格蒙特联盟（Egmont Group，FIUs），该集团的成员包括一百多个国家的金融情报中心，出台相关的解释、指引、指南等，给各国提供金融情报体系建设与国际合作的建议。埃艾格蒙特联盟的成员包括美国、英国、法国等西方发达国家，这些国家也是洗钱的高发地。加入艾格蒙联盟对于我国与这些国际反洗钱金融合作和信息共享意义重大，所以要积极加入艾格蒙联盟等有关组织，以国际组织为媒介，建立国际反洗钱合作网。

三、健全国际反洗钱情报共享法律体系

情报共享是反洗钱就监管机制高效运行的保障，也是发现、调查和处理洗钱案件的基石。应当在健全国内金融情报共享机制的基础上，通过国际组织协调或国家间友好协商，推动更多、更深入的情报共享实践。

《联合国打击跨国有组织犯罪公约》《打击洗钱、恐怖融资与扩散融资的国际标准：FATF 建议》等法律或文件均将建立金融情报中心、加强金融情报共享作为必要内容。美国、加拿大、澳大利亚等国家则通过国内金融情报共享机制实现金融情报的国内共享。例如，在信息共享平台方面，美国通过"门户（Gateway）计划"为执法机构提供了信息数据库，该数据库由美国国内税务署下属的中心进行管理，执法部门查询后会收到信息报告，以满足情报需求。我国也加快建设系统化的金融情报共享机制，《银行业金融机构反洗钱和反恐怖融资管理办法》第 23 条还规定了银行业金融机构应当保障风险信息能够在业务部门和反洗钱和反恐怖融资管理部门之间有效传递。但是，国内仍然存在缺乏统一的反洗钱情报数据库、信息共享渠道受阻、国家部委间信息传递并不通畅等问题。在对外共享方面，我国已经与诸多国家签署反洗

钱金融情报共享谅解备忘录，并且积极定期与其他国家开展金融情报共享合作。根据数据显示，2012 年到 2016 年，反洗钱监测分析中心就向其他法域提出金融情报信息合作请求 34 项，接收外法域金融情报信息合作请求次数上千次，与一百多个国家建立了反洗钱情报共享合作关系。①

在实践中，我国对外金融情报合作对象的范围仍有待提高，国内金融情报共享机制的缺陷直接影响对外金融情报共享。建立国内金融情报共享平台对洗钱进行监测后，应当从以下几个方面提高国际金融情报信息交换水平。

首先，要扩大合作对象。我国虽然与诸多国家签订了金融情报共享谅解备忘录，还可以通过《联合国打击跨国有组织犯罪公约》《打击洗钱、恐怖融资与扩散融资的国际标准：FATF 建议》等法律或文件指导反洗钱金融情报信息共享国际合作。但是，金融情报的共享对象仍可以继续扩大，最终逐步实现与全球大部分国家均签署有关合作协议的局面。此外，无论是已经签署双边合作协议的国家，抑或是由于政治等原因无法签署合作协议的国家，都可以考虑通过金融情报共享联络官实现情报共享。我国已经向超过 35 个国家派出了警务联络官，这些联络官承担着国家间警务沟通、联络、协调的责任。但是这些联络官在金融情报共享方面的作用仍然有限，可以考虑加强特定驻外人员在反洗钱方面的职责和作用，起到居中协调的作用。

其次，我国已经加入了金融行动特别工作组、亚太反洗钱组织等全球性或区域性的组织。这些国际组织在国际反洗钱与金融情报共享中扮演着重要角色，对于成员国具有较强的影响力，针对无法实现良好双边合作的国家，可以通过这些国际组织与国际公约，间接实现国家间合作。

四、进一步完善国际司法与执法合作法律框架

我国反洗钱领域的国际司法与执法合作不断发展，目前已经形成了较为全面的合作框架。但是洗钱作为国际有组织犯罪的一种，其手段和方式不断更新。该领域的焦点也从原来以警务合作和引渡等问题向多领域合作、资产分享等转变。从实践来看，在未来应当注重以下几点。

---

① 兰立宏. 我国反洗钱与反恐怖融资金融情报信息交换机制优化研究——基于国际标准的视角 [J]. 金融监管研究，2020（10）.

首先，坚持以互惠和平等原则开展反洗钱国际司法与执法合作。我国《反洗钱法》中明确规定了反洗钱国际合作的两个基本原则——互惠和平等。我国虽然已经构建起较为完善的反洗钱国际合作法律体系，为国家间反洗钱合作提供法律支持，但是在客观上仍然与诸多国家在这方面存在障碍。在难以签署双边或者多边协议的情况下，各国主管部门也可以在互惠和平等原则的指导下就个案展开国际执法与司法活动。关注双方的不同需求，以双方国内法为依据，展开引渡、司法协助、警务合作等活动。

其次，加强国际反逃税司法合作，重视反洗钱与反逃税的关联性。国务院办公厅《关于完善反洗钱、反恐怖融资、反逃税监管体制机制的意见》中要求银行将反逃税与反洗钱结合，加强反逃税对反洗钱的积极作用。反洗钱制度（AML）中金融机构负有识别客户身份的义务，而国家税务总局联合五部委颁布《非居民金融账户涉税信息尽职调查管理办法》，使得反逃税与反洗钱在统一报告标准（Common Reporting Standard，CRS）下融合性更强。在国际层面，统一报告标准中的尽职调查也对客观身份识别的合规要求更强，由于反洗钱制度的存在，统一报告标准也必须在反洗钱的框架中进行。因此，反逃税与反洗钱已经无法割裂，金融机构应当制定相应的内设部门，在反洗钱制度和统一报告标准的框架下优化合规体系，注重解决国际层面的客户识别以及反洗钱与反逃税措施的实行。

最后，加强国际追赃执法合作，注重资产分享机制的重要性。处理跨国洗钱案件中，资产追回的问题阻碍较大，包括赃款数额的确定、所有权的归属，这不仅涉及法律问题，还受到国际关系的影响。《联合国反腐败公约》中单独规定了"资产追回"的章节，并且规定了"预防和监测犯罪所得的转移""直接追回财产的措施""没收事宜的国际合作"以及"资产的返还和处分"等内容。在以洗钱为代表的跨国犯罪类型中，资产的查封、扣押和没收时常跨国进行，在对资金进行了以上操作并且案件审结后，就出现资金归属问题。对于有明确受害人的案件，赃款应当返还给受害人。但是腐败等案件中无直接受害人，国家间对于赃款的归属就存在争议。在完全归属于任何一方都存在问题时，资产分享机制就应运而生。分享查扣犯罪资产的前提条件是："在刑事诉讼过程中发现了涉案款项、涉案款项必须是被查扣的犯罪资产、犯罪资产的背景必须是涉及两个或更多国家（或不同的法律、财政系统）、没有直接的受害人。"① 资产分享的优势在于，分享的基础是国家间协商，因此双方在互惠、平等的原则下，有利于达成一致，进而有利于达成刑事司法互助。在反洗钱领域的资产分享机制中，要注意资产分享只是一种特定情况下必须进行的追赃机制，基于客观条件不同而与其他追赃手段择优选择，并且必须通过签订协议等方式使得程序合规，以最大限度维护我国的利益。

五、积极解决反洗钱跨境监管中的各项困难

（一）投资移民跨境洗钱的治理建议

无论对于移民接收国还是移出国，形成移民主管部门与金融机构及其他相关执法部门的合作机制都是加强本国整体监管制度的重点。合作机制的建立应考虑在金融情报中心与警方、税务部门、安全情报局及移民主管部门之间的常态化联系机制，通过主管各部门之间的合作机制形成立体化的监管，减少移民与国内反洗钱法律及其他法律监管制度之间的空白点。特别需要强调的是，为达到避免腐败人员通过投资移民渠道转换身份的目的，对投资移民申请的审核和信息应注重建立移民审查机构与反腐败相关机构之间的沟通与信息共享机制。

首先，应在我国建立针对投资移民的综合性审查、信息共享与多方合作机制。无论对于移民接收国还是移出国，形成移民主管部门与金融机构及其他相关执法部门的合作机制，都是加强国内整体监管制度的重点。合作机制的建立应考虑在金融情报中心与警方、税务部门、安全情报局及出入境管理部门、移民管理部门之间的常态化联系机制。通过主管各部门之间的合作机制形成立体化的监管，减少移民与国内反洗钱法律及其他法律监管制度之间的空白点。特别需要强调的是，为达到避免腐败人员通过投资移民渠道转换身份的目的，对投资移民申请的身份信息审核和资金来源审查，应注重建立移民审查、出入境管理机构与反腐败相关机构之间的沟通与信息共享机制。

---

① 陈东. 反洗钱国际合作与犯罪资产分享问题研究［J］. 技术经济与管理研究, 2010
（S2）.

其次，密切关注、追踪各国投资移民政策变化，及时调整重点关注国家和地区，加强金融信息收集与分析，提高我国金融监管能力，牢固反腐败防逃机制。具体而言，完善金融信息监管能力，可考虑以下几方面：第一，完善金融信息收集与分析相关法律体系。针对利用海外壳银行或信托进行洗钱的行为，我国目前的监管法律主要为《离岸银行业务管理办法》和《离岸银行业务管理办法实施细则》，应考虑出台针对海外壳银行或信托账户交易的专项法律。另外，针对反洗钱的管理办法，总则性规定较多，对涉及其他犯罪规定只是提出结合其他主管部门的报告进行分析。实际具体层面的操作欠缺指引性的标志，对于庞大的金融交易信息，存在难以精准梳理分析涉腐败犯罪的线索，可考虑引入更多指征性规定，作为收集信息中的"警示点"。第二，进一步明确并扩大金融信息的对象和范围，考虑到信息化时代背景下洗钱犯罪中出现的新技术，各国对 AML/CFT 监管的立法不同，导致各国主管机关所采取的不同监管措施。对此，金融情报内容还应至少包括资产确认、冻结、扣押等信息，以便能够迅速跟踪、锁定资产。第三，突出反腐败的重点监管内容，并结合埃格蒙特集团发布的涉腐败金融交易指数以实现对潜在腐败行为的全面监测。对公职人员、国有企业人员及其家属或密切往来人的账户实施强化审查标准，集中收集相关信息。

最后，要注重与投资移民目的国深入合作，加强对移民信息的收集和分析。考虑到贪腐人员可能利用投资移民项目转移资产并实施外逃，我国应当加强对投资移民相关信息的收集和分析，有针对性地实施投资移民入籍政策。比如，同投资移民数量增长较快的国家和地区签订全方位、深层次的移民接收协议。通过与移民目的国实现信息共享，及时掌握移民信息、监测移民动向，防止贪腐人员利用投资移民方式转移资产外逃，为打击腐败犯罪提供便利。另外，可以在对外交流过程中，通过国际组织或区域性组织敦促投资移民大国加强对投资资金转账入境的管理，要求资金汇入应当建立一条可追溯的链条，从投资移民申请者来源国直接汇至移民流入国，并且转账的金融机构应当是合法成立运营的。通过这些措施，以避免资金通过地下钱庄进行交易，减少借助投资移民进行洗钱的实际风险。

（二）地下钱庄跨境洗钱的治理建议

在反洗钱监管中，要注意识别和区分地下钱庄违法犯罪中的非法经营行为与洗钱行为，有针对性地进行治理。一是两者在交易目的上的不同。洗钱交易只有一个目的，就是改变资金的性质，掩饰资金的来源，使犯罪所得合法化。而在非法经营场合，客户往往是由亲友或熟人介绍，需求往往是获利，规避正规金融机构渠道，通过低汇率、低手续费的地下钱庄进行支付结算或购买外汇，进而实现境外投资、支付走私款项、参与网络或境外赌博、偷逃税费等目的。二是两者在交易繁简程度上存在差异。洗钱交易步骤繁杂，为了更好地掩饰、隐瞒资金的来源与性质，资金往往在多个主体实际控制的多个银行账户之间反复流转，并涉及多个国家或地区。尤其是跨境汇兑中，尽管最终目的也是进行支付结算或换取外汇，但手段的多样、地域的跨度使之受到洗钱客户的青睐。相比之下，非法经营的交易过程非常简单，基本上是直接对接客户本人，不发生多人多次的资金流转。①

在刑事立法规制层面，可以通过扩容洗钱罪和限缩非法经营罪，实现两罪在地下钱庄跨境洗钱中的协调适用。对于洗钱罪来说，可以通过扩充上游犯罪与跨境洗钱行为方式，将实践中常见的通过地下钱庄跨境洗白赌资、涉税犯罪所得的行为纳入规制范畴；对于非法经营罪来说，应当将非法金融业务的刑事法规制让位于其他罪名，比如在《刑法》第三章"破坏社会主义市场经济秩序罪"和第四节"破坏金融管理秩序罪"中增加"非法金融交易罪"，对地下钱庄除洗钱性质外的其他犯罪行为进行专门规制。②

（三）网络支付平台跨境洗钱的治理建议

在立法层面，应明确网络支付平台作为反洗钱义务主体的法律地位。在《反洗钱法》中确定特定非金融机构的范围时，将网络支付平台作为具体机构列举出来，并完善内部控制、客户尽职审查、大额与可疑交易报告、风险识别与管理等义务内容。在《非金融机构支付服务管理办法》中对"网络支

---

① 王秀梅，李采薇. 新时代地下钱庄洗钱犯罪的定罪困境、成因与对策［J］. 云南师范大学学报（哲学社会科学版），2022（1）：97.

② 王秀梅，李采薇. 新时代地下钱庄洗钱犯罪的定罪困境、成因与对策［J］. 云南师范大学学报（哲学社会科学版），2022（1）：97.

付"概念细化，规定第三方、第四方支付机构在提供网络支付业务时的反洗钱义务。

在司法与执法层面，利用数据技术强化网络支付交易反洗钱信息的收集与监测。比如，可以借助区块链技术改变传统的数据管理方式，实现网络支付交易数据在加密的内部平台上安全运行和共享。再如，建立针对网络支付交易的洗钱风险研判模型，提取交易用户的注册信息，交易标的类型、数量、大小及交易频次等信息，进行洗钱风险的综合判断与识别。

（四）虚拟货币跨境洗钱的治理建议

我国治理虚拟货币跨境洗钱的当务之急，是完善相关法律和政策规定，建立一套虚拟货币的反洗钱监管体系。第一，应将虚拟币交易平台、网络支付平台、附有支付结算功能的网络交易平台纳入《反洗钱法》中反洗钱义务主体的范围，并要求基于洗钱风险状况建立风险管理措施和增加反洗钱特别预防措施。第二，应尽快出台专门性规定，明确虚拟货币的概念、范围，以及通过虚拟货币进行交易的限制性与禁止性内容。第三，应重视虚拟货币跨境洗钱的合力监管，在行政监管、行业自律方面同时发挥效用。

另外，还应当有序推进虚拟货币跨境洗钱治理的国际合作，在各国各地区相异的政策法律基础上，通过已有的合作模式（如 FATF）落实虚拟货币交易平台的客户实名认证工作，并积极探索新的合作模式，实现在虚拟货币交易监测、情报交流与共享方面的有效协作。[1]

（五）离岸金融跨境洗钱的治理建议

涉及离岸金融市场的监管必定需要通过紧密的国际合作进行，这就要求我国国内法律与国际公约保持一致，国内法律的修订与完善应进一步接轨国际公约和相关国际组织的文件，特别是金融行动特别工作的《新40项建议》，通过国际社会的最新立法，有效保证对利用离岸金融、离岸空壳公司实施跨境洗钱的监管与打击。

第一，建议根据金融行动特别工作组织《新40项建议》第25条对"空壳公司特别注意"的条款，修订我国相关法律规定，在职能上赋予监管机构

---

[1] 汪恭政，刘仁文. 以全链条思维治理虚拟币洗钱［N］. 检察日报，2021-8-19（3）.

相关职责，在技术手段上通过对资金线索的监测与回溯，增加金融机构对离岸金融市场信息的监控和甄别，即甄别空壳公司和空壳银行，有效预防贪腐人员进行非法资产转移。

第二，强化《反洗钱法》对重点人群的监测，增加对国内公职人员及其近亲属的重点监测规定，有效预防贪腐人员进行非法资产转移。

第三，联合国《反腐败公约》以及金融行动特别工作《新40项建议》等国际反洗钱法律文献，都一致要求各国采取必要的措施提高私营公司和经营实体的透明度，通过立法的方法形成识别公司实体实际管理和所有权人的制度性措施，对此，我国也应当通过相关法律规定，进一步提高对私营公司和实体的透明度，避免贪腐分子利用离岸市场的空壳公司跨境转移非法资金。

结　语

　　我国反洗钱工作取得了长足进步，但在我国的反洗钱法律制度、执法司法工作以及反洗钱国际合作方面还有发展和完善的空间。在反洗钱法律制度方面屡次修正《刑法》，并对洗钱犯罪的规定予以完善。启动《反洗钱法》的修改，公布《中华人民共和国反洗钱法（修订草案公开征求意见稿）》（以下简称《征求意见稿》），不断接轨国际公约的规定和国际组织的标准。此外，人民银行单独或会同金融监管部门先后制定并发布了金融机构反洗钱相关规章和规范性文件，落实金融机构客户身份识别、大额和可疑交易报告、客户身份资料和交易记录保存等反洗钱义务，不断健全反洗钱的制度体系。在反洗钱执法司法方面，逐步形成强监管的态势。例如，2019年人民银行系统反洗钱部门共检查义务机构1744家，针对违反《反洗钱法》规定的行为，依法处罚机构525家，罚款2.02亿元；处罚个人838人，罚款1341万元。罚款金额合计约2.15亿元，同比增长14%。人民银行各分支机构全年配合协助调查涉黑涉恶案件447起、涉嫌腐败案件1902起，对外移送地下钱庄线索1190起、协助调查地下钱庄案件1044起，对外提供涉税线索395起（批次）、协助调查涉税案件524起，在可疑资金监测和协助查处洗钱犯罪行动中发挥了重要作用，司法机关办理洗钱犯罪的比例逐步提升。在反洗钱国际合作方面，中国的作用得到了有效发挥。例如，中国先后担任亚太反洗钱组织（APG）联合主席和欧亚反洗钱和反恐怖融资组织（EAG）主席，积极选派代表出任反洗钱国际组织多个重要岗位职务，积极参与国际反洗钱治理。2019年7月，中国正式担任国际反洗钱组织——金融行动特别工作组（FATF）主席。

　　总之，反洗钱工作方面继续坚持运用法治思维和法治方式开展，遵循"风险为本"的原则完善反洗钱制度体系，健全反洗钱执法司法网络，增强预防、调查和惩治洗钱行为的实效。通过开展反洗钱工作创造更多的中国经验，提出更多的中国方案，在执法司法实践中不断丰富习近平法治思想，充分释放反洗钱工作在国家治理中的潜能，充分发挥反洗钱工作在维护国家安全、金融安全和社会稳定中的作用。要不断深化反洗钱国际合作，积极参与国际治理，不断提高中国在国际反洗钱治理体系中的参与度和话语权，为构建人类命运共同体作出积极贡献。

参考文献

1. 期刊

[1] 周卫平，何萍．我国台湾地区的反洗钱"立法"及其运作［J］．政法论丛，2008（8）．

[2] 邵沙平．联合国禁毒公约与跨国洗钱的法律控制［J］．法学家，1997（2）．

[3] 陈捷，李斯琦，韩静．金融情报制度与国家情报法的关系初探［J］．北方金融，2019（8）．

[4] 王新．追溯美国反洗钱立法之发展［J］．比较法研究，2009（2）．

[5] 王新．论英国反洗钱立法对我国的借鉴［J］．甘肃政法学院学报，2012（7）．

[6] 查宏．英国的2007年反洗钱条例及其实践［J］．上海金融，2008（7）．

[7] 赵念渝．瑞士银行账户中的"黑钱"［J］．国际展望，1988（12）．

[8] 陈晓明．洗钱介述［J］．中外法学，1994（3）．

[9] 王新，冯春江，王亚兰．自洗钱行为立法的争议、理论与实践依据［J］．当代金融研究，2020（2）．

[10] 卢建平．洗钱犯罪的比较研究［J］．浙江社会科学，199（5）．

[11] 李齐广，黄佩娟．洗钱罪上游犯罪的范围之认定［J］．河北法学，2012（7）．

[12] 赵远．洗钱罪之"上游犯罪"的范围［J］．法学，2017（11）．

［13］许克军，秦策.洗钱罪的故意与明知［J］.时代法学，2015（4）.

［14］杨猛.我国反洗钱追赃"行刑衔接"立法重塑——基于规范保护目的之研析［J］.政治与法律，2020（12）.

［15］李云飞.洗钱危害的二维性及对客体归类的影响［J］.中国刑事法杂志，2013（11）.

［16］王新.竞合抑或全异：辨析洗钱罪与掩饰、隐瞒犯罪所得、犯罪所得利益罪之关系［J］.政治与法律，2009（1）.

［17］马光.论对网络恐怖主义活动的国际法规制［J］.南海法学，2020（5）.

［18］王新.零适用的审判现状：审视资助恐怖活动罪的适用［J］.政治与法律，2012（7）.

［19］马克昌.完善我国关于洗钱罪的刑事立法——以《联合国反腐败公约》为依据［J］.国家检察官学院学报，2007（6）.

［20］马德才.中外双边引渡条约中有关引渡的一般原则探析［J］.江西财经大学学报，2007（4）.

［21］黄凤.检察机关实施《国际刑事司法协助法》若干问题［J］.国家检察官学院学报，2019（4）.

［22］熊安邦.跨国追逃中引渡措施的困境及其应对［J］.时代法学，2018（4）.

［23］何萍.洗钱犯罪的刑事立法演变与完善——兼论《刑法修正案（十一）（草案二审稿）》对第一百九十一条的修正［J］.人民检察，2020（22）.

［24］王新.总体国家安全观下我国反洗钱的刑事法律规制［J］.法学家，2021（03）：90-103，193.

［25］蔡宁伟，李姣.洗钱罪认定与上游犯罪领域拓展研究［J］.金融监管研究，2021（02）：103-114.

［26］杨鼎璞.现存洗钱罪立法及其适用诊断［J］.银行家，2021（01）：135-137.

[27] 杨猛．我国反洗钱追赃"行刑衔接"立法重塑——基于规范保护目的之研析 [J]．政治与法律，2020（12）：59-71．

[28] 兰立宏．我国反洗钱与反恐怖融资金融情报信息交换机制优化研究——基于国际标准的视角 [J]．金融监管研究，2020（10）：69-84．

[29] 陈纯柱，李昭霖．第三方支付洗钱：特征、风险、惩治困境及应对 [J]．重庆社会科学，2020（10）：66-78，2．

[30] 刘宏华，叶庆国，吴卫锋．我国个人反洗钱义务立法思考 [J]．中国金融，2020（16）：27-29．

[31] 刘锷．洗钱罪入刑范围亟待拓宽 [J]．中国金融，2020（11）：101．

[32] 高连城．职务犯罪中的洗钱问题及对策建议 [J]．甘肃社会科学，2020（02）：45-52．

[33] 张国坤．构建特定非金融机构反洗钱监管机制 [J]．中国金融，2019（18）：91-92．

[34] 时延安，王熠珏．比特币洗钱犯罪的刑事治理 [J]．国家检察官学院学报，2019，27（02）：47-62．

[35] 周振杰．企业刑事责任二元模式研究 [J]．环球法律评论，2015，37（06）：148-158．

[36] 丰霏．从立法技术到治理理念——中国语境下法律激励理论的转向 [J]．法商研究，2015，32（03）：46-54．

[37] 张文汇．特定非金融领域反洗钱制度 [J]．中国金融，2015（09）：76-77．

[38] 李本灿．合规计划的效度之维——逻辑与实证的双重展开 [J]．南京大学法律评论，2014（01）：227-239．

[39] 黎宏．完善我国单位犯罪处罚制度的思考 [J]．法商研究，2011，28（01）：80-87．

[40] 陈东．反洗钱国际合作与犯罪资产分享问题研究 [J]．技术经济与

管理研究，2010（S2）：134-140.

[41] 钊作俊. 洗钱犯罪研究 [J]. 法律科学，1997（05）：54-60.

[42] 陈晓明. 洗钱介述 [J]. 中外法学，1994（03）：60-62.

[43] 周璇子. 浅析我国反洗钱监管工作有效性 [J]. 金融经济，2015（10）：129-131.

[44] 侯合心，冯乾. 我国参与国际反洗钱金融情报合作问题研究——基于 FATF 关于中国反洗钱评估报告的分析 [J]. 金融监管研究，2016（02）：97-109.

[45] 兰立宏. 我国反洗钱与反恐怖融资金融情报信息交换机制优化研究——基于国际标准的视角 [J]. 金融监管研究，2020（10）：69-84.

[46] 王延伟，欧阳超，高增安. 国际金融机构反洗钱监管情报管理体系比较研究 [J]. 情报杂志，2016，35（6）：13-18.

[47] 黄风，赵卿. 从"程慕阳案"看移民法遣返的证据规则 [J]. 法学，2017（02）：112-123.

[48] 张昀. 对我国反洗钱监管模式及其优化改进的探讨 [J]. 西部金融，2013（12）：81-83.

[49] 赵秉志，袁彬. 中国洗钱犯罪的基本逻辑及其立法调整 [J]. 江海学刊，2018（01）：138-146.

[50] 贾济东，胡扬. 论我国反洗钱法域外适用的困境与出路 [J]. 华中科技大学学报（社会科学版），2021，35（02）：116-126.

[51] 刘闽浙.《中华人民共和国反洗钱法》有效性研究 [J]. 浙江金融，2017（04）：8-15.

[52] 赵永林. 论我国特定非金融机构反洗钱监管 [J]. 河北法学，2014，32（12）：26-33.

[53] 李云飞. 走向完善的中国反洗钱立法——《反洗钱法》颁布十周年回顾 [J]. 清华金融评论，2016（07）：46-47.

[54] 卢建平. 洗钱犯罪的比较研究 [J]. 浙江社会科学，1998（05）：

86-92.

[55] 覃盈盈. 新形势下我国跨境洗钱风险管理问题研究 [J]. 海南金融, 2021 (07): 57-63.

[56] 刘艳红. 洗钱罪删除"明知"要件后的理解与适用 [J]. 当代法学, 2021, 35 (04): 3-14.

[57] 刘宏华, 叶庆国, 吴卫锋. 我国个人反洗钱义务立法思考 [J]. 中国金融, 2020 (16): 27-29.

[58] 原永中. 关于修订《中华人民共和国反洗钱法》的一些思考[J].华北金融, 2012 (05): 39-42.

[59] SCOTT B. MACDONALD, BRUCE ZAGARIS, l Caribe y el lavado de dinero: esperando el mundo post-COVID-19 [J]. 2021 (1), ACFCS.

[60] 郑旭江, 刘仁文. 非法第四方支付的刑法规制 [J]. 社会科学研究, 2021 (02): 125-136.

[61] 牛超群. 非法第四方支付平台及其数据治理对策 [J]. 网络空间安全, 2021, 12 (Z3): 27-32.

[62] 魏海瑞. 全球离岸金融市场的演变规律 [J]. 中国金融, 2020 (10): 81-82.

[63] 孙天琦, 刘宏玉, 刘旭, 等. "离岸金融"研究 [J]. 上海金融, 2018 (11): 14-18.

[64] 李慧, 田坤. 涉虚拟货币洗钱犯罪刑事治理的实践面向 [J]. 人民检察, 2021 (16): 23-27.

[65] 王秀梅, 李采薇. 新时代地下钱庄洗钱犯罪的定罪困境、成因与对策 [J]. 云南师范大学学报 (哲学社会科学版), 2022, 54 (01): 95-103.

[66] 黄风. 建立境外追逃追赃长效机制的几个法律问题 [J]. 法学, 2015 (03): 3-11.

[67] 蔡敬亮, 赵仰远. 我国投资移民发展较快原因分析及对策建议 [J]. 区域金融研究, 2012 (01): 86-88.

[68] 黄桔，江文．防范跨境反洗钱风险［J］．中国外汇，2017（10）：57-59.

[69] 推动跨境反洗钱监管向纵深发展［J］．中国外汇，2021（07）：42-44.

[70] 兰立宏．我国反洗钱与反恐怖融资金融情报信息交换机制优化研究——基于国际标准的视角［J］．金融监管研究，2020（10）：69-84.

[71] 黄风，赵卿．从"程慕阳案"看移民法遣返的证据规则［J］．法学，2017（02）：112-123.

2. 报纸

[1] 贾济东，赵学敏．"自洗钱行为"应当独立成罪［N］．检察日报，2019-8-7（3）.

[2] 汪恭政，刘仁文．以全链条思维治理虚拟币洗钱［N］．检察日报，2021-08-19（003）.

[3] 彭新林，宋伟，庄德水，赵丽，顾小妍．国际追赃究竟难在哪儿［N］．法治日报，2021-03-01（008）.

[4] 李光林，陶维俊．提供资金账户式洗钱行为的司法认定［N］．检察日报，2021-07-23（003）.

[5] 刘伟．第四方支付，犯罪边界在哪里［N］．检察日报，2021-09-07（007）.

3. 专著

[1] 姜波．反洗钱国际经验与借鉴［M］．北京：中国金融出版社，2010.

[2] 宋炎禄．洗钱与反洗钱的较量［M］．成都：西南财经大学出版社，2000.

[3] 李若谷．反洗知识读本［M］．北京：中国金融出版社，2005.

［4］李娜．论金融安全的刑法保护［M］．武汉：武汉大学出版社，2009．

［5］赵金成．洗钱犯罪研究［M］．北京：中国人民公安出版社，2006．

［6］张军，郭建安，陈小云．反洗钱立法与实务［M］．北京：人民法院出版社，2007．

［7］林安民．我国反洗钱立法演变研究［M］．厦门：厦门大学出版社，2010．

［8］陈捷．全球化视野下中国洗钱犯罪对策研究［M］．北京：中国书籍出版社，2013．

［9］李强．国际金融行业反洗钱规定及操作实践研究［M］．上海：上海社会科学院出版社，2018．

［10］杜金富．部分国家（地区）反洗钱/反恐融资规定选编［M］．北京：中国金融出版社，2013．

［11］姜威，边维刚．反洗钱国际经验与借鉴［M］．北京：中国金融出版社，2010．

［12］周道鸾，张军．刑法罪名精释［M］．北京：人民法院出版社，2013．

［13］张军．反洗钱立法与实务［M］．北京：人民法院出版社，2007．

［14］徐汉明．中国反洗钱立法研究［M］．北京：法律出版社，2005 年．

［15］赵秉志．国际恐怖主义犯罪及其防治对策专论［M］．北京：中国人民公安大学出版社，2005．

［16］赵秉志．刑法修正案（十一）理解与适用［M］．北京：中国人民大学出版社，2021．

［17］鲁政．反洗钱客户身份识别制度设计与实务操作技巧［M］．北京：中国金融出版社，2015．

［18］杨隽，梅建明．恐怖主义概论［M］．北京：法律出版社，2013．

［19］张明楷．刑法学［M］．北京：法律出版社，2011．

［20］张明楷．刑法的基本立场［M］．北京：商务印书馆，2018．

［21］陈兴良．刑法总论精释（上）［M］．北京：人民法院出版社，2016．

［22］陈浩然．反洗钱法律文献比较与解析［M］．上海：复旦大学出版社，2013．

［23］刘乃晗，谢利锦．反洗钱合规实务指南［M］．北京：法律出版社，2020．

［24］付雄．网络洗钱现状分析及对策研究［M］．北京：中国社会科学出版社，2012．

［25］王新．反洗钱：概念与规范解读［M］．北京：中国法制出版社，2012．

［26］边维刚．金融业反洗钱监管有效性研究［M］．北京：中国金融出版社，2010．

［27］林安民．我国反洗钱立法演变研究［M］．厦门：厦门大学出版社，2010．

［28］梅德祥．洗钱规模及洗钱影响与我国反洗钱对策而研究［M］．北京：经济科学出版社，2017．

［29］童文俊．恐怖融资与反恐怖融资研究［M］．上海：复旦大学出版社，2012．

［30］CASTAÑO, ANTONIO C, M. Modalidades de Lavado de Dinero y Activos, Modalidades de Lavado de Dinero y Activos. Prácticas contables para su detección y prevención［M］. Bogotá：Ecoe, 2001.

4. 网络文献

［1］刘瑞常．西班牙破获欧洲最大跨国洗钱［EB/OL］.（2021-07-24）.

［2］LOPEZ R. Alertan de 644 casos de lavado de dinero en España［EB/OL］.（2021-07-24）.

［3］贾济东．反洗钱合规性和有效性将大幅度提高［EB/OL］.（2021-

06—08）．

　　［4］ANDERSON J. UK：Anti-Money Laundering Laws and Regulations 2021 ［EB/OL］．（2021—07—28）．

　　［5］COHEN J，NOONAN L. USA：Anti-Money Laundering Laws and Regulations 2021 ［EB/OL］．（2021—07—28）．

　　［6］论根本策．英国决心打造更专业的反洗钱行业监督部门 ［EB/OL］．（2021—07—28）．

　　［7］HAN E, MERTL R, LIYUAN XIAO. 美国金融监管之反洗钱、打击恐怖主义融资及客户尽职调查规则 ［EB/OL］．（2021—07—26）．

　　［8］利用比特币"洗钱"流水上百亿．［EB/OL］．（2021—08—31）．

　　［9］腾讯财经．渣打洗钱与没和解最终罚款或达10亿美元 ［EB/OL］．（2021—08—30）．

　　［10］王新．我国洗钱罪的刑事立法完善问题 ［EB/OL］．金融时报，2021—08—19．

　　［11］欧洲中央银行．虚拟货币计划案（Virtual Currency Schemes）［EB/OL］．（2021—04—10）．

　　［12］汪恭政，刘仁文．以全链条思维治理虚拟币洗钱 ［EB/OL］．（2021—04—13）．

5. 论文集

　　［1］杨超．投资移民法律制度的监管漏洞对反腐败国际追逃追赃的影响及对策建议 ［C］//世界的中国 迁徙与交往70年——第三届全球人才流动和国际移民学术论坛论文集，2019：388—410．

6. 学位论文

　　［1］郭建勇．中国反洗钱监管机制研究 ［D］．上海：复旦大学，2009．

　　［2］张新．我国洗钱行为的预防与治理机制研究——以协同治理为视角

［D］．合肥：安徽大学，2019.

　　［3］王秀环．我国反洗钱国际合作法律问题与对策研究［D］．西安：西北大学，2016.